GRILLREZEPTE

Das Gasgrill Kochbuch Für Männer Und Frauen

(Das Kochbuch Für Die Besten Gasgrill Rezepte in Den Kategorien Fleisch)

Kristin Scherer

Herausgegeben von Alex Howard

© **Kristin Scherer**

All Rights Reserved

Grillrezepte: Das Gasgrill Kochbuch Für Männer Und Frauen (Das Kochbuch Für Die Besten Gasgrill Rezepte in Den Kategorien Fleisch)

ISBN 978-1-77485-038-1

☐ Copyright 2021 - Alle Rechte vorbehalten.

Dieses Dokument zielt darauf ab, genaue und zuverlässige Informationen zu dem behandelten Thema und Themen bereitzustellen. Die Publikation wird mit dem Gedanken verkauft, dass der Verlag keine buchhalterischen, behördlich zugelassenen oder anderweitig qualifizierten Dienstleistungen erbringen muss. Wenn rechtliche oder berufliche Beratung erforderlich ist, sollte eine in diesem Beruf praktizierte Person bestellt werden.

- Aus einer Grundsatzerklärung, die von einem Ausschuss der American Bar Association und einem Ausschuss der Verlage und Verbände gleichermaßen angenommen und gebilligt wurde.

Es ist in keiner Weise legal, Teile dieses Dokuments in elektronischer Form oder in gedruckter Form zu reproduzieren, zu vervielfältigen oder zu übertragen. Das Aufzeichnen dieser Veröffentlichung ist strengstens untersagt und jegliche Speicherung dieses Dokuments ist nur mit schriftlicher Genehmigung des Herausgebers gestattet. Alle Rechte vorbehalten.

Die hierin bereitgestellten Informationen sind wahrheitsgemäß und konsistent, da jede Haftung in Bezug auf Unachtsamkeit oder auf andere Weise durch die Verwendung oder den Missbrauch von Richtlinien, Prozessen oder Anweisungen, die darin enthalten sind, in der alleinigen und vollständigen Verantwortung des Lesers des Empfängers liegt. In keinem Fall wird dem Verlag eine rechtliche Verantwortung oder Schuld für etwaige Reparaturen, Schäden oder Verluste auf Grund der hierin enthaltenen Informationen direkt oder indirekt angelastet.

Der Autor besitzt alle Urheberrechte, die nicht beim Verlag liegen.

Die hierin enthaltenen Informationen werden ausschließlich zu Informationszwecken angeboten und sind daher universell. Die Darstellung der Informationen erfolgt ohne Vertrag oder Gewährleistung jeglicher Art.

Die verwendeten Markenzeichen sind ohne Zustimmung und die Veröffentlichung der Marke ist ohne Erlaubnis oder Unterstützung durch den Markeninhaber. Alle Warenzeichen und Marken in diesem Buch dienen nur zu Erläuterungszwecken und gehören den Eigentümern selbst und sind nicht mit diesem Dokument verbunden.

Inhaltsverzeichnis

Räuchern im Gasgrill? Na, klar! 1
Am Anfang war das Feuer 9
Grillen in der Vorzeit 11
Vom Lagerfeuer zum Grill 12
Welcher Grill soll es sein? 13
Balsamico-Ketchup 15
Kombucha-Drink 17
Rosmarinfladen vom Grill 18
Hähnchenschenkel 19
Bunter Rinderspieß 21
Cremige Butter 22
Cevapcici 24
Mango-Dip 26
Pikante Erdnuss-Paste (Vegan) 27
Sauce béarnaise 28
Scharfe Käsesoße 30
Gemüsespieß zum Grillen 31
Gegrillter Fenchel 33
Wurstspieße mit Pizzateig 35
Geschmorter Kürbis mit Salbei 36
Selbstgemachter Erdbeer-Ketchup 38
Orangen-Glasur 39
Halloumi-Burger mit Grillgemüse 40
Soja-Ingwer-Marinade 42
Grüner Spargel vom Grill 43

- Scharfes Tartar Steak 45
- Lachs vom Grill 47
- Selbstgemachtes Aioli 49
- Datteln im Speckmantel 50
- Rib-Eye-Steak 51
- Mango-Chutney 53
- Zucchini-Spieße vom Grill 54
- Gurken - Salsa 56
- Brokkoli mit Zitrone 57
- Garnelen mit Honig 58
- Ananas-Mango-Sauce 60
- Hähnchensteaks in Erdnuss-Sauce 61
- Steaksandwich 63
- Baba Ganoush 65
- Scharfe Kartöffelchen mit Dip 66
- Apfel Käse Sandwich vom Grill 68
- Studentensteaks mit Senf 69
- Lammkoteletts mit Minzsauce 71
- Lachs und Roter Bete Salat 73
- BBQ-Veggie Steaks 76
- Surf-and-Turf-Wraps 78
- Gemischte Grillplatte 79
- Scharfe Spareribs 81
- Feldsalat mit Honig-Walnuss-Vinaigrette 83
- Rouladenspieße für den Grill 84
- Entenbrust mit Sesammarinade 85
- Marinierte Putensteaks 86

Speckkartoffeln	87
Lendensteaks mit Apfelrotkohl	88
Fenchel-Apfel-Salat	90
Gefüllte Hühnerbrust vom Grill	91
Saltimbocca Hähnchen	93
Wildscheinsteaks	95
Gegrillte Rosenberg-Garnelen	96
Schnelles Pulled Pork vom Filet mit Kartoffelstampf	98
Stockbrot	101
Hähnchen Sandwich	102
Gegrillter Tempeh auf asiatische Art	104
Pizza Hotdog vom Grill	105
Knoblauch-Brotspieße	106
Burger vom Grill	107
Eingelegte Knoblauchgarnelen	108
Hirschmedaillons mit Birnenchutney	109
Tofu-Gemüse-Spieße	111
Putensteaks für den Grill	112
Balsamico Ketchup Sauce	113
Garnelen-Spieße	115
Banane vom Grill	116
Lachssteaks mit Tomatendressing	117
Kartoffel-Gemüse-Spieße	119
Thunfisch Burger	120
Grill – Marinade – Andere Variante	122
Bifteki (Griechenland)	123
Tomatenpäckchen	124

Gegrilltes Gemüse mit Knobibaguette	125
Red Snapper Filets	127
Käse in Weinblättern	129
Schoko-Banane mit Marshmallows und Nüssen vom Grill	130
Chimichurry Sauce (Uruguay)	131
Glasnudel-Kokos-Salat	133
Quinoa Salat mit gegrillten Pfirsichen und Ziegenfrischkäse	134
Kartoffelpuffer	136
Gemischter Salat mit Nuss-Dressing	137
Gegrillter Fenchelsalat mit Orange	138
Saftige Birne und gebackener Kürbis	140
Frischer Lachs mit Avocado Dip	141
Herrliche gegrillte Rinderbrust	143
Avocado-Dipp	146
Hähnchenschenkel	147
Hähnchenschenkel	149
Şiş Kebap	150
Weniger klassisch und trotzdem gut: gegrillte Süßkartoffeln	152
Thunfischsteaks mit extravagantem Gemüsesalat	154
Marinierte Chicken Wings mit Gurkensalat	156
Tomatiger Dipp	159
Gegrillter Fenchel	160
Gegrillter Fenchel	162
Kısır	164
Wolfsbarsch und Haselnüsse	166

Hummer/ Garnelen Buscetta 168

Spanische Spieße 170

Zwiebelaufstrich 171

Kürbis vom Grill 172

Saftige Straußensteaks 173

Hühnchen in Buttermilch 174

Gurken - Salsa 175

Tofu-Obst-Spieße 176

Hähnchensteaks in Erdnussbuttermarinade 177

Mit Senf ummantelnde Hähnchenbrust 178

Zitronen-Gegrillte Hähnchenbrust 180

Gegrillte Steakspieße mit Chimichurri 181

Hähnchenbrust im Senfmantel 182

Würstchen-Spieße 184

Schaschlik aus dem Kaukasus 185

Zucchini - Tomaten - Zwiebel – Puten-Spieße 187

Räuchern im Gasgrill? Na, klar!

Das Smoken ist wieder groß in Mode. Ursprünglich einfach eine Methode, um Lebensmittel haltbar zu machen, erlebt es seit ein paar Jahren eine Renaissance - einfach des Geschmackes wegen. Räuchern kann man in einem Smoker (Räucherofen) aber auch in einem Holzkohle oder Gasgrill. Einzige Voraussetzung: die Geräte müssen einen Deckel haben.

Zum Räuchern im Gasgrill braucht man eine Räucherbox und Holzchips. Und da fängt die Mühsal an...wie wählt man die richtigen Holzchips aus? Manche Hersteller schrecken vor nichts zurück, um billige Abfälle aus der Möbelproduktion als Räucherchips an den Mann und die Frau zu bringen. Man suche daher nach staubfreier Ware, nicht zu grob, nicht zu fein, damit die Chips durch den Grillrost nachgelegt werden können (so überhaupt nötig) aber beim Einweichen noch einfach aus dem Wasser zu fischen sind, ohne dass sich eine Pampe im Wasser bildet.

Als Holzsorten eignen sich:

- Mesquite, Hickory, Buche, Kirsche und Apfel. Mesquite ist kein heimisches Holz, das heißt, es muss importiert werden - der ökologisch interessierte Leser weiß, was ich damit sagen will. Es gibt 45 Arten von Mesquite Bäumen, die von Argentinien bis in die USA verbreitet sind. Das Holz ist hart und hat einen unverwechselbaren Geruch. Es verleiht dem damit geräucherten Fleisch eine goldbraune Farbe. Da der Geschmack sehr schnell mit nur wenigen Chips erreicht wird, muss man bei der Dosierung vorsichtig sein. Mesquite Holzchips eignen sich besonders für das Räuchern von Wild und Schaf/Hammel. Mesquite ist in den Händen des erfahrenen Smokers am besten aufgehoben, denn wer möchte schon sein Grillgut wegschmeißen, weil es bitter schmeckt?

- Hickory ist ein weiterer Klassiker, der aber auch nicht in Europa wächst, sondern in Asien und Nordamerika. Bekannt hierzulande ist die Pekannuss, die Frucht einer Hickory Art. Hickory Holz ist sehr hart und liefert langanhaltenden Rauch und ein kräftiges Aroma. Hickory Holzchips sind für jedes Grillgut geeignet und geben dem Fleisch eine braune Farbe.
- Buche ist ein heimisches Holz, welches für Holzchips verwendet wird. Generell ist jedes geräucherte Produkt aus Deutschland meistens auf Buchenholz geräuchert. Der Rauch der Buche ist mild und wird im Allgemeinen nie zu stark. Anders als bei den eben genannten Hölzern, wo ein Zuviel zu bitter schmeckendem Fleisch führt. Auch Fisch und

Gemüse können gut über Buchenchips geräuchert werden.
- Kirsche eignet sich ebenfalls zum Räuchern, denn das Holz von Kirschbäumen ist ebenfalls hart. Das Grillgut bekommt eine gelbbräunliche Färbung. Sind die Kirschholzchips von guter Qualität verströmen sie einen dichten Rauch, der dem Fleisch einen milden, leicht süßen Geschmack verleiht. Kirschholz wird für den Räucheranfänger empfohlen, da es nie einen bitteren Geschmack im Fleisch produziert und ein ausgefalleneres Aroma als Buchenholz hat. Man kann Kirschholzchips auch mit anderen Hölzern mischen. Kreativität ist King! Warum nicht ein ganz eigenes Aroma kreieren?
- Als letztes Holz sei hier das Holz von Apfelbäumen genannt. Es verleiht dem Grillgut gelb und braune Farbigkeit und einen frischen Geschmack. Im Vergleich zur Kirsche eben etwas frischer und ebenfalls süßlich und mild. Fisch ist besonders lecker, wenn in Apfelholzchips geräuchert.

Holzchips wässern oder nicht?

Wenn man sich für die Holzsorte entschieden hat und bereit ist, los zu legen, stellt sich schon die nächste Frage: wässern oder nicht wässern?

Wenn man die Chips in einer Räucherbox oder einem Alufolienpäckchen verwendet, dann erübrigt sich das Wässern, denn nasse Holzchips brauchen länger bis sie rauchen, da zunächst das Wasser verdampfen muss. Wässern wird generell nur bei der Verwendung eines Holzkohlengrills empfohlen, da dem Anfänger dort der Fehler unterlaufen kann, dass die chips verbrennen, bevor sie ihren Dienst überhaupt antreten. Das Wässern verhindert das schnelle Verbrennen der Chips.

In einem wahrhaftigen Smoker macht es allerdings Sinn, die Holzchips gewässert zu verwenden (und wer sagt denn überhaupt, dass es Wasser sein muss? Man kann die Chips für ein differenzierteres Aroma auch in Rotwein, Whiskey oder Bier befeuchten!). Im Räucherofen muss man nämlich die Roste in die Tonne legen nachdem die Chips auf den Kohlen platziert wurden, und wären diese dann nicht nass, würde die Rauchentwicklung beginnen, bevor das Fleisch überhaupt in Position ist. Benötigt man also Zeit, wässert man die Holzchips.

Den Räuchervorgang starten

Die Chips werden in der Räucherbox platziert und diese auf den Gasbrenner gestellt - hier muss man nun mit der Hitze spielen, bis die richtige Einstellung gefunden ist. Angaben zur richtigen Temperatur findet man in der Betriebsanleitung seines Gasgrills. Bei den ersten Versuchen lieber nicht auf's Ganze gehen - schon gar nicht, wenn man sich für Mesquite Holzchips entschieden hat - lieber nur wenige Chips in die Räucherbox packen und mal ausprobieren, ob das für das angestrebte Aroma ausreicht. Geräuchert wird ‚low and slow' - also langsam und bei niedriger Temperatur. Über die Box kommt der Rost und auf den Rost das Grillgut. Wohl geling's!

Grillen im Winter

Anfangs wurde ja erwähnt, dass einer der größten Vorzüge des Gasgrills die Verwendung über das ganze Jahr ist. Wie ist das also mit dem Grillen im Winter?

Manche empfehlen sich in einem Pavillon zu verschanzen und Heizpilze aufzustellen, der echte BBQ Fan zieht sich einfach warm an und macht den Platz, wo der Grill steht Schnee frei. Das einzige Problem beim Grillen im Winter ist die Kälte, wer hätte das gedacht? Zugefrorene Ventile etc nie mit Gewalt öffnen - auch nicht mit Hilfe von Fett, da das Gewinde dann eventuell nicht mehr dicht schließt.

Die Kälte sorgt dafür, dass

- die Teller kalt sind
- das Essen schnell abkühlt
- die Garzeiten sich verlängern

Aber, wenn man darauf vorbereitet ist, ist das Ganze zu bewältigen. Die Teller eventuell vorheizen, mit dem fertigen Grillgut schnell ins Warme flüchten und die längeren Garzeiten mit einkalkulieren. Beim Gasgrill muss man eventuell häufiger die Flamme kontrollieren. Sofern diese auf klein steht, kann ein eiskalter Windstoß sie ausblasen und dann entweicht Gas ohne zu verbrennen. Keine gute Idee.

Reinigung des Gasgrills

Es gibt Dinge, die muss man nach jedem Mal Grillen reinigen, andere nicht so oft. Nach jedem Grillen macht man jeden Brenner an und schließt den Deckel bis der Grill nicht mehr dampft. Die Grillbürste lebt so länger, denn jetzt ist da nur noch Asche, die einfach abgebürstet wird. Keine Reiniger verwenden, kein Wasser, nichts in die Spülmaschine packen.

Ab und an muss die Fettauffangpfanne gereinigt werden. Marinade, Fett, Kleinteile finden sich dort. Mit warmem Wasser und Spülmittel auswischen, das genügt bei emaillierten Schalen. Aluschalen auch nicht unbedingt nach jedem Grillen wegwerfen (spart Kosten und schont die Umwelt), sondern versuchen, sie so lange wie möglich in Gebrauch zu halten.

Von Zeit zu Zeit macht es Sinn, den Grill auseinanderzunehmen und zu reinigen. So weit wie möglich nur mit der Bürste arbeiten. Die Brennerkammer kann auch ohne aggressive Reiniger sauber gemacht werden. Mit Seifenwasser einweichen und dann kräftig schrubben. Natürlich vorsichtig sein mit Edelstahl, damit nichts verkratzt.

Die Brenner erfordern auch ein wenig Putzarbeit. Dafür macht man den Brenner an, damit kein Schmutz in den Brenner gerät. Alsdann mit der Bürste (der Brenner ist an!) Verkrustetes abkratzen. Der Gasdruck verhindert ein Eindringen des Schmutzes in den Brenner. So werden alle Gasauslässe wieder sauber ohne dass Dreck in den Brenner gerät.

Am Anfang war das Feuer

Seitdem war Zeit genug, die Grillpraxis zu verfeinern: In Gebieten mit üppiger Vegetation wurden die Leckerbissen in Pflanzenblätter gehüllt. Sie garten darin geschützt vor der unmittelbaren Einwirkung des Feuers sanft und nicht zu schnell und ungleichmäßig. In einer anderen Ecke der Welt erkannte man rasch, dass kleinere Fleischstücke viel schneller gegrillt werden, was auch mühsam beschafften Brennstoff spart. Und Fleisch mit Lehm einzuhüllen, brachte saftschmurgelnde Köstlichkeiten hervor. Töpfereien entstanden etwa um 6000 v. Chr. So ist anzunehmen, dass dies der eigentliche Beginn der Kochkunst war. Denn erst mit Töpfen ließen sich neue Methoden zur Zubereitung von Speisen entwickeln. Dennoch blieb das Braten über offenem Feuer in vielen Teilen der Erde allgemein übliche Gartechnik und wird, je jünger die Geschichte, zunehmend umfassender beschrieben. In China beispielsweise wird dem „göttlichen Landmann Shen Nong", dem Ackerbaugott, für die Zeit um 2800 v. Chr. zugeschrieben, er habe den Bauern beigebracht, das Gejagte und Erlegte auf spießähnliche Ruten zu stecken und über dem Feuer zu garen. Anderswo wurde die Feuerstelle windgeschützt in Gruben angelegt. Die Menschen erhitzten Steinplatten oder Steine im offenen Feuer. In Gruben füllten sie Wasser und erhitzten es laufend mit diesen heißen Steinen. Eine andere Variante bestand darin, die heißen Steine zusammen mit den Speisen schichtweise in die Grube zu legen und diese zu verschließen. Grubenkochen wird heute noch immer praktiziert, zum Beispiel in Australien und Neuseeland.

Als die Spanier die Neue Welt eroberten, guckten sie sich eine Form des Grubenkochens ab. Auf die mit Steinen ausgelegte Feuerstelle wurden Bananenblätter oder Seetang gelegt. Darauf kamen abwechselnd Maiskolben, Muscheln und wieder Seetang oder Blätter. Auf diese Weise konnte das Gargut stundenlang vor sich hin schmurgeln. Abschließend eine Erklärung, woher der Begriff „barbecue" stammen könnte: Die Spanier nahmen aus der Neuen Welt tonnenweise Gold und Silber mit nach Europa. Sie brachten den einheimischen Kariben und den Siedlern dafür Rinder und Schweine mit. Deren Fleisch briet man auf Gestellen aus Knochen und Tierhäuten oder Rosten, gebaut aus grünem Holz. Die Gestelle benannten die Kariben „barbacoa".

Grillen in der Vorzeit

In der grauen Vorzeit war es beinahe alltäglich, die mit vereinten Kräften gesammelte oder erlegte Nahrung zu garen und zu verspeisen. Aus dieser Notwendigkeit ist heute — in vielfach abgewandelter Form — ein besonderes Ereignis geworden. Und wir haben einen Riesenspaß daran, am offenen Feuer zu grillen, einmal ungezwungen, ja ein wenig unordentlich zu sein. Es spielt oft gar keine so große Rolle, was da über der heißen Glut gegart wird. Ganz einfache Dinge können Begeisterung auslösen: Gourmets schwärmen von heißen Würstchen, Kinder von schlichten Kartoffeln, um die sie bei einer anderen Zubereitungsart eher einen großen Bogen machen. Ein Grillfest kann Menschen unter-schiedlichster Schichten und quer durch die Generationen zusammenführen. Da bringt schon einmal der Chef seiner Sekretärin den soeben gegarten Grillspieß mit. Der Onkel schenkt dem Neffen einen Drink ein, die Großnichte schöpft der Großtante ein Schlüsselchen Salat. Keinen kümmert das später, Hauptsache, es hat geschmeckt und man hatte sein gemeinsames Vergnügen in lockerer Atmosphäre.

Vom Lagerfeuer zum Grill

Tatsache ist, dass die „Küche" ihren ursprünglichen Platz im Freien hatte, mit einer Feuerstelle als Mittelpunkt. Nachempfinden können wir das leicht an einem offenen Grillplatz im Wald oder im Garten. Oder etwas komfortabler in einem größeren Zeltlager, sie besitzen in der Regel außer einem Lagerfeuer stets ein Küchenzelt. Wer kennt nicht das beliebte Ziel so mancher Sonntagsspaziergänge oder Vereinsfeste? Es ist die Feuerstelle oder Grillhütte am Waldrand drei Dörfer weiter. Sollte da einmal ausnahmsweise kein solide gemauerter Steinunterbau vorhanden sein, muss man selbst mit einfachen Hilfsmitteln dafür sorgen, dass Wurst, Brot, Gemüse oder Fisch nicht direkt in die züngelnden Flammen gerät und mehr verbrennt als gart: zum Beispiel mit dünnen, nicht zu trockenen, sauber angespitzten Holzstöcken. Alleine lassen kann man diese schlichten Grillspieße aber nur, wenn sie mit Hilfe anderer Hölzer oder von Steinen am Rand des Feuers so fixiert werden, dass ein Abstand zur Glut bleibt. Solch wackelige Konstruktionen sind indes selten von Dauer, im Falle einmaliger Verwendung lässt man sie einfach am Grillplatz liegen. Vielleicht braucht sie ja jemand am Wochen-ende darauf.

Welcher Grill soll es sein?

Im Laufe der Zeit wurde eine Reihe von Ideen entwickelt. Wir sind heute Nutznießer unterschiedlichster Grillgeräte. Die gängigsten und bewährtesten sollen hier kurz vorgestellt werden. Zwei Dinge sind unabdingbar: Glut und Rost. Das Unwichtigste hingegen ist das Aussehen des Geräts. Wie sieht Ihr Budget für ein Grillgerät aus? Sie können nämlich alles vom simpelsten bis zum aus-geklügeltsten Luxus-Gerät bekommen. Dazu einige grundsätzliche Fragen:

1. Soll der Grill leicht und transportabel sein?
2. Für wie viele Personen grillen Sie im Durchschnitt, ist also eine kleinere oder größere Grillfläche nötig?
3. Hat das Gerät einen festen Standort im Garten oder einen wechselnden Platz auf Balkon oder Terrasse?
4. Soll das Gerät leicht zu reinigen sein, sprich besseres Material in der Grundausstattung aufweisen? Das wirkt sich erheblich auf den Preis aus.
5. Soll es ein Gerät sein, an dem man bequem steht; ein Gerät fürs Leben oder nur für ein, zwei, höchstens drei Saisons?
6. Welche Befeuerung wird bevorzugt? Ein Grillgerät mit Glutkasten für Briketts oder Holzkohle? Oder ein Gerät, das mit Gas oder elektrisch betrieben wird?

Welchen Grilltyp Sie wählen, hängt hauptsächlich von drei Faktoren ab: Wo werden Sie am häufigsten grillen? Wie oft grillen Sie? Wie lange müssen Sie grillen?

Natürlich gibt es immer noch eine Frage, wie viele Leute sollen verköstigt werden. Größere Grills ermöglichen kürzer Wartezeiten.

Balsamico-Ketchup

ERGIBT ETWA 1 GLAS
VORBEREITUNGSZEIT: 10 MIN.
ZUBEREITUNGSZEIT: 60 MIN.

400 g passierte Tomaten
30 ml Balsamico
1 EL Traubenkernöl
½ Zwiebel, fein gewürfelt
1 Knoblauchzehen, geschält und fein gehackt
1 EL Melasse
1½ EL Kokoszucker
½ EL Tomatenmark
½ TL Meersalz
½ Piment
¼ TL gemahlene Senfkörner
¼ TL Muskatnuss

ZUBEHÖR:
PÜRIERSTAB
EINMACHGLÄSER

2 EL Rapsöl in einer tiefen Pfanne bei mittlerer Hitze erhitzen, Zwiebel und Knoblauch dazu geben. Für 2 Min. anbraten. Restliche Zutaten dazugeben und kurz aufkochen lassen. Anschließend Hitze reduzieren und die Masse bei geringer Hitze etwa 1 Stunde einkochen lassen. Zwischendurch umrühren.

Für eine besonders cremige Textur die Masse mit einem Pürierstab glat pürieren. In einem luftdichten Behälter bleibt der selbstgemachte Ketchup im Kühlschrank bis zu 3 Wochen haltbar.

Kombucha-Drink

4 EL Honig
1 Liter Orangensaft
6 EL Zitronensaft
2 Handvoll frischer Thymian, fein gehackt
500 ml Kombucha
Den Honig, Orangen- und Zitronensaft in einer Schüssel verrühren. Dann den gehackten Thymian unterrühren. Für etwa 15 Minuten ziehen lassen und dann durch ein feines Sieb pressen.
Zum Saft dann noch den Kombucha gießen und gekühlt servieren.

Rosmarinfladen vom Grill

Dauer: 30 Minuten

Portionen: Für zehn Personen

Zutaten:
350g Weizenvollkorn Mehl
350g Dinkel Mehl
1 Würfel Hefe
400ml lauwarmes Wasser
1 Teelöffel Salz
3 Esslöffel Olivenöl
2 Esslöffel fein gehacktes Rosmarin
1 Teelöffel Meersalz
1 Knoblauchzehe

So wird es gemacht:
Knoblauch schälen, waschen und sehr fein hacken. Nun alle Zutaten in eine Schüssel oder in einen Mixer geben und zu einer homogenen Masse verarbeiten. Die Masse für 30 Minuten zugedeckt ruhenlassen. Anschließend die Hände leicht anfeuchten und aus der Masse kleine Kugeln formen und diese dann leicht ausrollen. Die ausgerollten Fladen für weitere 30 Minuten ruhenlassen.
Anschließend von beiden Seiten für fünf Minuten auf dem Grill lassen.

Hähnchenschenkel

Zutaten

12 Hähnchenunterschenkel
3 Zehengepreßten Knoblauch
2 TL Kräuter der Provence oder italienische Kräutermischung
2 EL flüssigen Honig
2 EL süßer körniger Senf

1 ELÖl
1 TLSambal Oelek
1 TLSalz

Zubereitung

Die Marinadenzutaten verrühren und über die Hähnchenunterschenkel geben und über Nacht im Kühlschrank marinieren.
Nun auf den heißen Grill legen und grillen

Bunter Rinderspieß

Zutaten:
500 g Rinderfilet
1 Salatgurke
2 Tomaten
2 Zwiebeln
Öl
1 Bund Petersilie
Salz
Pfeffer

Zubereitung:

Fleisch würfeln.
Petersilie mit etwas Öl vermengen.
salzen und pfeffern.
Fleisch marinieren.
Gurke, Tomaten und Zwiebeln klein schneiden.
Fleisch, Gurke, Tomaten und Zwiebeln auf Spieße verteilen.
mit Öl bestreichen.
für 10 Minuten auf den Grill geben.

Cremige Butter

Dauer: 15 Minuten

Portionen: Für vier Personen

Zutaten:

250g Butter

½ Zwiebel

4 Tomaten

1 Knoblauchzehe

1 TL Thymian

½ Chilischote

1 TL Oregano

1 TL edelsüßes Paprikapulver

1 TL Rosmarin

1 EL Olivenöl

1 Prise Salz

1 Prise Pfeffer

1 EL Basilikum

½ Frühlingszwiebel, nur das Grüne

So wird es gemacht:

Zwiebel schälen, waschen und fein hacken. Knoblauch schälen, waschen und fein hacken. Tomaten waschen, Strunk entfernen und in dünne Scheiben schneiden.
Gewürze mit Olivenöl verquirlen. Butter leicht erwärmen und in die Flüssigkeit geben und gut vermengen.
Nun alle Zutaten in eine große Schüssel geben und mit einem Schneebesen cremig aufschlagen.

Cevapcici

Dauer: 30 Minuten

Portionen: Für vier Personen

Zutaten:

500g Hackfleisch
1 Zwiebel
2 Knoblauchzehen
50g Käse
50ml Sahne
3 EL Paniermehl
1 Prise Salz
1 Prise Pfeffer
1 Prise Paprikapulver
1 Prise Currypulver
8 Scheiben Bacon

So wird es gemacht:

Zwiebel schälen, waschen und fein hacken. Knoblauch schälen, waschen und fein hacken. Käse fein reiben. Alle Zutaten, bis auf die Bacon, in eine Schüssel geben und zu einer homogenen Masse verarbeiten.

Hände anfeuchten und aus der Masse kleine Cevapcici formen. Jedes Röllchen mit Bacon ummanteln.
Für 15 Minuten grillen und dabei mehrmals wenden.

Mango-Dip

Zutaten:
1 Mango
1 Chilischote
2 TL Speisestärke
40 g Zucker
1 TL Salz
3 EL Weißweinessig
1 TL Tomatenmark
1 TL gehackter Ingwer
300 ml Wasser
Prise Pfeffer und Salz

Zubereitung:

Die Mango und die Chilischote in sehr kleine Stücke schneiden. In einer Kasserolle mit den restlichen Zutaten: zum Kochen bringen, abschmecken und auskühlen lassen.

Pikante Erdnuss-Paste (Vegan)

Zutaten für 4 Personen:

150 g Erdnussbutter
½ rote Chilischote
½ Limette
Ein kleines Stück Ingwer
2 EL Ahornsirup (alternativ Agavendicksaft)
Salz und Pfeffer

Zubereitung:

Chilischote waschen, halbieren, entkernen und in feine Stücke schneiden. Chili in eine Schüssel geben und die Limette darüber auspressen.
Erdnussbutter und Ahornsirup dazugeben und alles zu einer leicht cremigen Paste verrühren. Bei Bedarf 2-3 EL Mineralwasser untermengen, um die Konsistenz des Dips zu erhöhen.
Den Ingwer schälen und über die Masse pressen. Alles gut verrühren und etwas salzen und pfeffern.

Sauce béarnaise

ERGIBT ETWA 1 GLAS
VORBEREITUNGSZEIT: 5 MIN.
ZUBEREITUNGSZEIT: 20 MIN.

180 g Butter
60 ml Weißweinessig
120 ml Weißwein
2 Eigelb
3 Schalotten, fein gewürfelt
5 Zweige Kerbel, klein gehackt
5 Zweige Estragon, klein gehackt
1 Prise Salz

ZUBEHÖR:
PÜRIERSTAB
SCHMALER MIXBEHÄLTER

Schalotten mit Weißwein, Essig und je 4 Zweigen Kerbel und Estragon in einen Topf geben.
Bei mittlerer Hitze einkochen, bis etwa 2 Esslöffel goldgelbe Reduktion übrig bleiben.
Eigelb und Salz in einen Messbecher füllen. Essig-Reduktion leicht
abkühlen lassen, dann durch ein feinmaschiges Sieb in den Behälter seien.

Butter schmelzen und in den Messbecher füllen.
Idealerweise beträgt die Temperatur der Butter zwischen 90 und 95 °C.
Mit einer Hand den Pürierstab auf den Boden der Essig-Ei-Mischung drücken. In der anderen Hand den Becher mit geschmolzener Butter bereithalten. Pürierstab auf höchster Stufe anstellen, dabei etwas Butter in den Behälter gießen, wenn die Masse emulgiert nach und nach Butter hinzufügen und konstant weiter pürieren. Fertige Sauce béarnaise mit Salz und Kräutern abschmecken.

Scharfe Käsesoße

10 große Jalapeños, fein gehackt
50 g Butter
3 TL Mehl
350 ml Milch
180 g Emmentaler, gerieben
jeweils 1 EL Chilipulver und Paprikapulver
Salz und Pfeffer zum Abschmecken

In einem kleinen Topf zuerst die Butter schmelzen und unter Rühren mit einem Schneebesen das Mehl anschwitzen. Dann die Milch langsam hinzugießen und so lange umrühren, bis sich keine Klümpchen mehr bilden.

Danach den Käse, die Jalapeños und die Gewürze einrühren. Auf kleiner Flamme köcheln, bis der Käse geschmolzen ist. Die Soße sollte cremig bis dickflüssig sein.

Die Soße passt sehr gut zu Fleischersatz, Kartoffeln und Süßkartoffeln.

Gemüsespieß zum Grillen

Dauer: 55 Minuten

Portionen: Für vier Personen

Zutaten:
20 Champignons
1 rote Paprikaschote
1 gelbe Paprikaschote
1 grüne Paprikaschote
20 kleine Zwiebeln
1 Ananas
3 Esslöffel Olivenöl
1 Esslöffel Balsamico
1 Prise Salz
1 Prise gemahlenen Pfeffer
1 Esslöffel Semmelmehl
3 Knoblauchzehen
1 Teelöffel getrockneter Estragon
1 Prise Chilipulver

So wird es gemacht:
Champignons putzen. Zwiebel schälen, waschen und fein hacken. Tomaten waschen Strunk entfernen und fein würfeln. Paprikaschoten waschen, Strunk entfernen, halbieren, entkernen und fein hacken. Alles in eine Schüssel geben und Balsamico und Olivenöl darüber träufeln lassen. Mit Salz, Pfeffer und Chilipulver würzen. Knoblauch, Estragon und

Semmelmehl dazugeben und alles gut durchmischen.
Für 30 Minuten zugedeckt ziehen lassen.
Ananas in Scheiben schneiden.
Spieße bereitstellen und das Gemüse mit der Ananas jeweils aufspießen.
Für zehn Minuten von allen Seiten grillen.

Gegrillter Fenchel

Zutaten

1 Knollegroßen Fenchel
2große Tomaten
2große Knoblauchzehen
2 ZweigRosmarin
2 ZweigThymian
4 ELOlivenöl
Salz und Pfeffer

Zubereitung

Als erstes basteln Sie aus 4 Stück Alufolie Päckchen. Dazu nehmen Sie ein ausreichend großes Stück Alufolie, stellen z.B. Margarine hinein und schlagen die Seiten hoch.
Dann den Fenchel in dünne Scheiben schneiden und in die 4 Alufolien verteilen.
Die Tomaten in nicht zu dünne Scheiben schneiden und auf dem Fenchel verteilen.
Die Knoblauchzehen in feine Scheiben schneiden und auf den Tomaten verteilen.
Nun ausreichend mit Salz und Pfeffer würzen, die Kräuterstängel halbieren und auf das Gemüse geben.
Nun auf jedes Päckchen einen Löffel Olivenöl verteilen und die Päckchen verschließen.
Die gut verschlossenen Alupäckchen nun für ca. 15-20 Minute auf den Grill legen. Je nachdem wie knackig Sie

den Fenchel mögen, machen Sie zwischendurch eine Garprobe. Dazu ein Päckchen vom Grill nehmen und nachschauen, wie fest das Gemüse noch ist.

Wurstspieße mit Pizzateig

Zutaten:
16 Grillwürstchen
2 Paprikaschoten
400 g Pizzateig (fertig)
1 Rosmarinzweig
3 EL Olivenöl
etwas Meersalz

Zubereitung:
Paprika waschen und zerkleinern
Rosmarin hacken
Rosmarin und eine Prise Meersalz über den Pizzateig geben
Pizzateig in 8 Stücke aufteilen und mit Öl einpinseln
Würstchen kurz angrillen
Paprikastreifen und Würstchen auf Spieße verteilen mit Pizzateig umwickeln
erneut für 15 Minuten auf den Grill geben.

Geschmorter Kürbis mit Salbei

Dauer: 50 Minuten

Portionen: Für vier Personen

Zutaten:

500g Hokkaido Kürbis Fruchtfleisch

½ Bund Salbei

2 Knoblauchzehen

1 Zitrone

Salz und Pfeffer
Chilischote

2 ½ EL Olivenöl

200ml Gemüsebrühe

100g Couscous

½ Bund Petersilie

250g Tomaten

So wird es gemacht:

Ofen auf 180 Grad vorheizen.
Kürbis waschen, entkernen und in 2cm dicke Spalten schneiden.
Salbei waschen, trocknen und abzupfen.
Knoblauch schälen und in Scheiben schneiden.

Zitrone halbieren und auspressen.
Kürbis, Salbei, Knoblauch in eine Form geben. Mit Salz, Chili und Pfeffer würzen. 2 EL Öl und 2 EL Zitronensaft verquirlen und drüber träufeln. Kürbis 30 Minuten in den Ofen geben.
Währenddessen Brühe in einem Topf aufkochen. Couscous nach Packungsanleitung zubereiten.
Petersilie waschen, trocknen und fein hacken.
Tomaten waschen, Strunk entfernen und würfeln.
Petersilie, restliche Zitronensaft und Öl in den Couscous geben und mischen. Mit Salz und Pfeffer abschmecken. Tomatenwürfel untermischen.
Geschmorte Kürbis mit Couscous anrichten.

Selbstgemachter Erdbeer-Ketchup

Zutaten:
300 g Erdbeeren
50 g rote Zwiebeln
1 Knoblauchzehe
½ rote Chilischote
1 EL Bratöl
2 EL flüssiger Honig
2 EL Olivenöl
3 EL dunklen Balsamico-Essig
50 g Tomatenmark
2 EL Wasser
8 Basilikumblättchen
Prise Salz und Pfeffer
½ TL Zimt

Zubereitung:

Erdbeeren waschen und 1 cm groß würfeln. Zwiebeln, Knoblauchzehe und rote Chilischote fein gewürfelt mit 1 EL Bratöl in einer Pfanne ca. 2 Minuten bei mittlere Hitze anschwitzen. Erdbeeren, flüssiger Honig, Olivenöl, dunklen Balsamico-Essig, Tomatenmark und Wasser dazugeben. Für ca. 3 Minuten bei mittlere Hitze köcheln lassen. Die Mischung etwas abkühlen lassen. Die den Basilikumblättchen in den Mixbehälter geben und alles fein pürieren. Mit Salz und Pfeffer und Timt abschmecken und in eine Flasche füllen.

Orangen-Glasur

Zutaten:

50 g leicht erwärmtem Orangengelee
Saft von je ½ Orange und Zitrone
2 gepresst Knoblauchzehen
1 TL Currypulver
Je 2 EL Sojasauce und Pflanzenöl
1 TL Zucker

Zubereitung:

Alle Zutaten in einer kleinen Schüssel gut verrühren. Verleiht Lammkoteletts, Schweinerippchen oder Geflügelteilen einen aufregend fruchtig-exotischen Geschmack.

Halloumi-Burger mit Grillgemüse

FÜR 4 PERSONEN
ZUBEREITUNGSZEIT: 30 MIN.
GRILLZEIT: 20 BIS 25 MIN.

ZUTATEN FÜR DEN BURGER:

4 Burgerbrötchen
250 g Zaziki
2 Pakete Kräuter-Halloumi, in dünne Scheiben geschnitten
2 Thymian Zweige, Thymianblätter von den Stängeln gezupft
1 rote Paprika, geviertelt
1 gelbe Paprika, geviertelt
1 Aubergine, in dünne Streifen geschnitten
4 Esslöffel Pflanzenöl

ZUTATEN FÜR DIE FEIGEN-OLIVEN-RELISH:

100 ml Wasser
100 ml Rotweinessig
300 g getrocknete Feigen, fein gewürfelt
150 g schwarze Oliven, fein gewürfelt
50 g Rohrzucker

Den Gasgrill für direkte mittlere Hitze (180–250 °C) erhitzen.

Paprikastücke mit der Hautseite nach oben für ca. 15 Minuten rösten, bis sie schwarze Blasen werfen.

Paprikastücke kurz ausdampfen lassen und Haut abziehen.

Für das Feigen-Oliven-Relish Feigen und Oliven mit Wasser, Rotweinessig und Rohrzucker aufkochen und 15 Minuten leicht köcheln lassen. Hälfte der Masse pürieren und mit stückigem Rest vermengen, beiseitestellen.

Paprika, Aubergine und Halloumi mit Pflanzenöl bestreichen. Gemüse mit Salz und Pfeffer würzen.

Gemüse und Halloumi über direkter mittlerer Hitze bei geschlossenem Deckel 3–5 Min. grillen, bis sich Grillstreifen bilden. In der letzten Minute die Brötchen mit den Schnittflächen nach unten über direkter Hitze leicht rösten.

Die unteren Brötchenhälften jeweils mit Zaziki bestreichen und mit Aubergine, Paprika und Halloumi belegen. Je einen Klecks Feigen-Oliven-Relish daraufgeben und mit Thymian bestreuen, die oberen Brötchenhälfte daraufsetzen und warm servieren.

Soja-Ingwer-Marinade

5 EL Sojasoße
3 TL Ingwerpulver
6 Knoblauchzehen, gepresst
1 TL Chilipulver
Saft von 3 Zitronen
3 EL Zucker
15 EL Öl

Das Öl in einer kleinen Pfanne auf mittlerer Hitze erhitzen. Den Knoblauch und Ingwer im Öl anbraten. Alle übrigen Zutaten dazugeben. Abkühlen lassen.

In einem Hochleistungsmixer zu einer flüssigen Marinade pürieren.

Grüner Spargel vom Grill

Dauer: 20 Minuten

Portionen: Für zwei Personen

Zutaten:
1 Bund grüner Spargel
100g Parmesan
1 Prise Salz
1 Prise frisch gemahlener schwarzer Pfeffer
50ml Olivenöl
1 Esslöffel Kräuterbutter

So wird es gemacht:
Spargel waschen, Enden abschneiden und das untere Drittel jeweils schälen. Die Stangen mit dem Olivenöl bestreichen und mit Salz und Pfeffer würzen.
Alufolie bereitstellen und die Stangen darin umwickeln.
Für zwölf Minuten auf dem Grill anrösten.
Parmesan fein reiben. Spargel auf einem Teller servieren und mit dem Parmesan bestreut servieren. Kräuterbutter dazugeben und anrichten.

Kürbis vom Grill

Zutaten

1Kürbis (ca. 1kg)
5 ELSesamöl

Ursalz

Zubereitung

Halbieren Sie den Kürbis und entfernen Sie die Kerne.
Mit den Schnittflächen nach unten auf den Rost legen und 10-15 Minuten grillen.
Die Kürbishälften vom Grill nehmen und die Schnittflächen mit Sesamöl bestreichen.
Nun mit den nicht bestrichenen Seiten auf den Rost setzen und nochmals etwa 30 Minuten grillen.
Das Kürbisfleisch aus der Schale herauslöffeln und mit etwas Öl und Salz servieren.

Scharfes Tartar Steak

Zutaten:
400 Gramm Rinderhack
1 große Zwiebel
3 Knoblauchzehen
1 Ei
2 Chilischoten
3 EL Chilisauce
3 EL Semmelbrösel
Salz
Pfeffer

Zubereitung:
Zuerst wird die Hackfleischmasse, wird mit den klein gehackten Zwiebeln, den gepressten Knoblauchzehen, dem Ei, etwas Salz und Pfeffer vermengt.
Um die besondere Schärfe des Tartar Steaks zu bekommen, brauchen wir natürlich noch die Chilischoten.
Diese sollten vorerst entkernt- und danach klein geschnitten werden um sie dann mit der Hackfleischmasse zu vermengen.
Damit die Fleischmasse gut formbar ist und das Tatarsteak nachher schön luftig wird, werden die Semmelbrösel dazugegeben.
Die fertige Masse wird dann zu einer Rolle geformt und in sechs gleich große Teile zerteilt. Diese dann zu runden Buletten formen. Die Buletten mit Öl einstreichen und danach endlich ab auf den Grill. Dann

nur noch 5 Minuten von jeder Seite grillen bis sie goldbrauen sind.

Lachs vom Grill

Dauer: 50 Minuten

Portionen: Für vier Personen

Zutaten:

4 Scheiben Lachs
1 Zucchini
1 Paprikaschote
1 Zwiebel
1 Knoblauchzehe
4 EL Sojasauce
4 TL Sesamöl
4 EL Schimmelkäse
4 EL Dill

So wird es gemacht:

Zucchini waschen, Enden abschneiden und in Scheiben schneiden. Paprikaschote waschen, entkernen und in Streifen schneiden. Zwiebel schälen, waschen und in dicke Scheiben schneiden. Knoblauchzehe schälen, waschen und in dicke Scheiben schneiden. Dill waschen, abtropfen lassen und fein hacken.

4 Alufolien bereitstellen und das Gemüse darin gleichmäßig verteilen. Den Fisch mittig darauf platzieren und mit Salz und Pfeffer abschmecken. Alufolie jeweils zu Schiffchen formen, so dass nur oben ein kleiner Spalt offen bleibt. Sojasauce und Sesamöl übergießen und den fein geriebenen Käse über den Fisch verteilen. Dill überstreuen und für 30 Minuten auf dem Grill schmoren lassen.

Selbstgemachtes Aioli

Für 4 Personen / Zubereitungsdauer ca. 10 Minuten

Zutaten:
1 Knoblauchzehe
500 ml geschmacksneutrales Öl
2 Eier
Prise Salz
100 g Parmesankäse

Zubereitung:

Knoblauch zuerst in einen hohen, schmalen Becher geben. Das Öl sowie erst das Eigelb, dann das Eiweiß und das Salz hinzufügen. Den Parmesankäse klein raspeln und dazugeben. Mit einem Stabmixer erst etwa 90 Sekunden am Becherboden pürieren, dann langsam nach oben ziehen, dabei stetig weiterpürieren. Die Masse sollte nun steif sein.

Datteln im Speckmantel

Zutaten für 4-5 Personen:

16 Datteln
16 Scheiben Schinkenspeck

Zubereitung:

Wickeln Sie die Datteln in ein Stück Speck. Zum Festhalten einen Zahnstocher verwenden.
Für 5-7 Minuten auf den heißen Grill legen, bis der Speck schön knusprig ist.

Rib-Eye-Steak

FÜR 4 PERSONEN
ZUBEREITUNGSZEIT: 5 MIN.
GRILLZEIT: 6 BIS 8 MIN.

FÜR DIE WÜRZMISCHUNG:

2 TL dunkler Vollrohrzucker
1 TL gemahlene Kreuzkümmelsamen
1 TL getrockneter Oregano
1 EL Chilipulver
1 TL schwarzer Pfeffer
2 TL grobes Meersalz
Olivenöl

4 Rib-Eye-Steaks ohne Knochen, je etwa 250 g schwer und 2,5 cm dick, überschüssiges Fett entfernt
Den Gasgrill für direkte starke Hitze (230–290 °C) erhitzen.
Die Zutaten für die Würzmischung in einer kleinen Schüssel vermengen.
Die Steaks auf beiden Seiten dünn mit Öl bestreichen und gleichmäßig mit der Würzmischung einreiben, 20 bis 30 Min. ruhen lassen.
Die Steaks über direkter starker Hitze bei geschlossenem Deckel bis zum gewünschten Gargrad grillen, 6–8 Min. für rosa/rot bzw. medium rare, dabei

einmal wenden. Die Steaks vom Gasgrill nehmen und 5 Min. ruhen lassen. Warm servieren.

Mango-Chutney

8 Mangos, geschält, entkernt
1 Frühlingszwiebel, fein gehackt
(optional 1 Chilischote, entkernt)
5 TL Rohrzucker
2 TL Korianderpulver
1 TL Kreuzkümmel
1 TL Kurkuma
1 TL Cayennepfeffer
1 TL Ingwer
3 TL Essig
250 ml Wasser

Alle Zutaten in einen größeren Topf geben. Mit dem Wasser aufgießen und aufkochen lassen. Für ca. 20 Minuten auf mittlerer Hitze köcheln lassen, bis das Chutney schön eindickt. Danach abkühlen lassen.

Zucchini-Spieße vom Grill

Dauer: 35 Minuten

Portionen: Für zwei Personen

Zutaten:
1 Zucchini
200g Fetakäse
2 Esslöffel Olivenöl
1 Teelöffel getrockneter Oregano
8 Kirschtomaten
1 Prise Salz
1 Prise Pfeffer
1 Prise Cayennepfeffer
1 Prise edelsüßes Paprikapulver

So wird es gemacht:
Zucchini waschen, abtropfen lassen, Enden abschneiden und in zwölf gleichgroße Scheiben schneiden. Salzwasser in einem Topf zum Kochen bringen und die Stifte darin für drei Minuten blanchieren. Das Wasser abgießen, die Stifte mit kaltem Wasser abschrecken, abtropfen lassen und beiseite legen.
In der Zwischenzeit den Käse ebenfalls in zwölf gleichgroße Würfel schneiden.
Käse, Olivenöl, Oregano, Salz, Pfeffer, Cayennepfeffer und Paprikapulver in eine Schüssel geben und gut miteinander vermengen.

Die Zucchinistifte jeweils mit einem Stück Käse aufrollen und aufspießen. Eine Tomate jeweils ebenfalls aufspießen und für einige Minuten auf dem Grill braten, bis die Zucchini leicht bräunlich wird.

Gurken - Salsa

Zutaten

1 dicke Salatgurke
2 kleine gewürfelte Zwiebeln
5 EL Olivenöl, zum andünsten
4 EL Aprikosenkonfitüre
1 kleine Zitrone, den Saft davon
Salz und Pfeffer, aus der Mühle
Chili, getrocknet, aus der Mühle

Zubereitung

Die Zwiebelwürfel in Olivenöl glasig anschwitzen.
Nun die Aprikosenkonfitüre und den Zitronensaft hinzugeben. Mit Salz, Pfeffer und Chili reichlich würzen und abkühlen lassen.
In der Zwischenzeit die Gurke schälen und in kleine Würfel schneiden. Dann den Zwiebel-Mix einrühren und alles ca. 1 Stunde im Kühlschrank ziehen lassen.

Brokkoli mit Zitrone

Zutaten:
500 Brokkoliröschen
2 EL Olivenöl
1 EL Zitronenschale
etwas grobes Meersalz
etwas geriebener Parmesan

Zubereitung:
Salzwasser zum Kochen bringen
Brokkoli hinzugeben und kurz garen
Brokkoli danach in Eiswasser geben
Grill anheizen
Zitronenschale, Öl und eine Prise Salz (½ TL) vermengen
Brokkoli darin schwenken
Brokkoli auf Grillpfanne ca. 5 Minuten angrillen
mit Parmesan verfeinern

Garnelen mit Honig

Dauer: 10 Minuten

Portionen: Für zwei Personen

Zutaten:

500g Garnelen
4 EL Honig
1 EL Senf
1 EL Tomatenmark
2 EL Sojasauce
1 TL Chilipulver
1 TL Oregano
1 EL edelsüßes Paprikapulver
2 TL Knoblauchpulver
1 EL Öl
1 EL Essig
1 Prise Salz
1 Prise Pfeffer

So wird es gemacht:

Garnelen waschen. Die restlichen Zutaten in eine Schüssel geben und zu einer Marinade verarbeiten. Die

Garnelen hinzugeben und für 30 Minuten marinieren lassen.
Garnelen mit einem Holzspieß aufziehen und auf dem Grill von allen Seiten anbraten.

Ananas-Mango-Sauce

Zutaten:
2 Mangos
200 g Ananas
2 Schalotten
1 Knoblauchzehe
1 rote Chilischote
1 EL Öl
2 EL brauner Rohrzucker
1 TL Currypulver
150 ml Apfelsaft
1 EL Worcestersauce
80 ml Apfelessig
Prise Salz und Pfeffer

Zubereitung:

Mangos schälen, entkernen und würfeln. Ananas, Schlotten und Knoblauchzehe ebenfalls schälen und würfeln. Chilischote fein würfeln. Öl in einer Pfanne erhitzen und Schalotten und Knoblauch darin andünsten. Chili, Mangos, Ananas, brauner Rohrzucker und Currypulver untermischen. Apfelsaft, Worcestersauce und Apfelessig dazugeben. Für 30 Minuten bei schwacher Hitze köcheln lassen. Danach pürieren und mit Salz und Pfeffer abschmecken. In ein geeignetes Glasgefäß mit Deckel füllen.

Hähnchensteaks in Erdnuss-Sauce

Zutaten für 4 Personen:

4 Hähnchensteaks á 200 g
Cayennepfeffer
Saft von ½ Zitrone

Für die Erdnuss-Sauce:

1 kleine Zwiebel
2 Fleischtomaten
Je 1 grüne und rote Paprikaschote
1 Chilischote, frisch oder getrocknet
6 EL Erdnussöl
100 g geriebene Erdnüsse
100 ml süße Sahne
Salz und schwarzer Pfeffer
50 g Erdnussbutter
4 cl weißer Rum oder Tequila
125 ml Gemüse- oder Fleischbrühe

Zubereitung:

Hähnchensteaks salzen, pfeffern, mit Zitronensaft beträufeln und mit Erdnussöl bepinseln. Den heißen

Stein erhitzen, leicht salzen und die Hähnchensteaks darauf legen.

Von jeder Seite ca. 4-6 Minuten braten. Zwiebel schälen und hacken. Fleischtomaten überbrühen, häuten und klein würfeln.

Paprikaschoten vierteln, entkernen, säubern und in kleine Würfel schneiden. Chilischote waschen, entkernen und hacken.

Die Hälfte Erdnussöl im Schmortopf erhitzen. Vorbereitete Zwiebel, Paprika, Chili und Tomaten unter Rühren andünsten. Erdnüsse mit der Sahne verrühren und zugießen.

Salzen und pfeffern. Weiche Erdnussbutter mit Rum oder Tequila in das Gemüse rühren und mit Brühe aufgießen. Erdnuss-Sauce ein paar Mal aufkochen, nochmals abschmecken und in eine Sauciere füllen.

Einen Teil Erdnuss-Sauce auf vier Teller als „Bett" verteilen, die gebratenen Hähnchensteaks darauf geben und mit der restlichen Sauce überziehen.

Steaksandwich

FÜR 4 PERSONEN
ZUBEREITUNGSZEIT: 10 BIS 15 MIN.
GRILLZEIT: 9 BIS 11 MIN.

ZUTATEN FÜR DIE MEERRETTICHCREME:

120 ml Mayonnaise
2 EL Meerrettich (aus dem Glas)
½ TL Senf

500 g Sirloin-Steak, etwa 2 cm dick
4 große rote Zwiebelscheiben, je etwa 0,5 cm dick
Salz und Pfeffer
4 Burgerbrötchen
4 dünne Scheiben Greyerzer

Die Zutaten für die Meerrettichcreme in einer kleinen Schüssel
verrühren und bis zum Servieren abgedeckt kalt stellen. Den Gasgrill für direkte mittlere bis starke Hitze (200–250 °C) erhitzen.
Steak und Zwiebelscheiben auf beiden Seiten mit Öl bestreichen, salzen und pfeffern.
Steak und Zwiebelscheiben über direkter mittlerer bis starker Hitze bei geschlossenem Deckel grillen, bis die Zwiebelscheiben leicht gebräunt und die Steaks zum

gewünschten Gargrad gegrillt sind, 8–10 Min. für rosa/rot bzw. medium rare, dabei ein- bis zweimal wenden. Steak und Zwiebelscheiben vom Gasgrill nehmen und 5 Min. ruhen lassen.

Die Brötchen über direkter mittlerer Hitze jeweils auf einer Seite 1 Min. knusprig und goldgelb rösten. Brötchen offen mit Käse belegen und bei geschlossenem Deckel etwa 1 Min. weitergrillen, bis der Käse geschmolzen ist. Das Brötchen auf eine Arbeitsfläche legen.

Das Steak dünn aufschneiden. Brötchendeckel mit Meerrettichcreme bestreichen, Steakfleisch, Zwiebelringen und Jalapeno Scheiben belegen und warm servieren.

Baba Ganoush

2 Auberginen, an beiden Enden abgeschnitten, fein gewürfelt
3 Knoblauchzehen, gepresst
Saft von 3 Zitronen
3 EL Tahini/Sesampaste
3 EL Olivenöl
1 TL Kümmelpulver
1 TL Paprikapulver
½ TL Chilipulver
Salz und Pfeffer zum Abschmecken
Die Auberginen in einer Schüssel mit etwas Salz bestreuen und ca. 15 ziehen lassen.
Dann in einer Pfanne in etwas Öl für ca. 15 Minuten gut durchgaren. Gegen Ende hin die Knoblauchzehen dazugeben. Danach abkühlen lassen.
Mit den restlichen Zutaten in einem Hochleistungsmixer zu einem cremigen Mus verarbeiten.

Scharfe Kartöffelchen mit Dip

Dauer: 90 Minuten

Portionen: Für vier Personen

Zutaten:
1 Kilo Kartoffeln
1 Tasse Olivenöl
1 Esslöffel Paprikapulver
2 Prisen Salz
½ Tasse Chiliflocken
1 Teelöffel Pfeffer
2 Becher Schmand
1 Esslöffel italienische Kräuter
1 Teelöffel Zitronensaft
1 Esslöffel Schnittlauch

So wird es gemacht:
Kartoffeln schälen und in Salzwasser gar kochen.
In der Zwischenzeit die Gewürze mit dem Olivenöl verquirlen und zu einer Marinade verarbeiten.
Abgekühlte Kartoffel in die Marinade geben und für 30 Minuten ziehen lassen.
Schmand, Salz, Zitronensaft und gehackten Schnittlauch in eine Schüssel geben und zu einem Dip verarbeiten.
5 Kartoffeln mit einem Holzspieß aufziehen und für 10 Minuten auf dem Grill rösten.

Kartoffeln mit dem Dip gemeinsam servieren.

Apfel Käse Sandwich vom Grill

Zutaten:
8 Scheiben Toast- oder Weißbrot
2 Äpfel
8 Scheiben Käse
60 g Butter

Zubereitung:
Die 8 Scheiben Weißbrot mit reichlich Butter bestreichen und auf dem Grill kurz vorrösten.
Danach wieder vom Grill nehmen und 4 Scheiben davon mit je einer Scheibe Käse belegen.
Als nächstes die Äpfel gründlich waschen, entkernen und in sehr dünne vierteil schneiden.
Danach die Käsescheibe mit einer oder mehreren Apfelscheiben bedecken.
Die Apfelschreiben danach wieder mit einer Scheibe Käse bedecken.
Am ende wieder eine Scheibe Weißbrot hinzufügen.
Danach kommen die zusammengesetzten Sandwiche noch einmal auf den Grill. Es reicht allerdings schon ein wenig indirekte Hitze damit der Käse schmilzt. Die Scheiben Weißbrot haben wir ja bereits vorher geröstet.

Studentensteaks mit Senf

Zutaten für 4 Personen
8 dünne Scheiben magerer Schweinebauch
Prise Salz und Pfeffer
1-2 EL Sonnenblumen
½ Tasse mittelscharfer Senf
2-3 EL Johannisbeergelee
2-3 EL Tomatenketchup
1 EL Curry
1 TL Majoran
Ein paar Tropfen Tabasco
200 g Apfel-Relish
Apfelspalten, Tomatenhälften, Kräuterzweige zum Garnieren

Zubereitung:

Die Schweinebauchscheiben unter dem Wasser waschen, trocken tupfen, mit Salz und Pfeffer würzen.
Sonnenblumenöl mit dem Senf, dem Johannisbeergelee, dem Ketchup, dem Curry und dem Majoran in einer Schüssel glattrühren und mit Tabasco schärfen.
Die Schweinebauchscheiben mit der Glasur bestreichen und im Kühlschrank für eine 1 Stunde ziehen lassen.
Anschließend die Schweinebauchscheiben auf dem Grill oder in einer Grillpfanne mit wenig Fett bei kleiner Hitze braten.

Während der Garzeit das Fleisch mehrmals mit der Glasur bestreichen und fertig garen.

Nach Ende der Garzeit die Steaks dekorativ anrichten, das Apfel-relish dazugeben, mit Apfelspalten, Tomatenhälften und Kräuterzweigen garnieren und sofort servieren.

Lammkoteletts mit Minzsauce

Zutaten für 8-10 Personen:

12 Lammkoteletts
5 Knoblauchzehen
ein paar Blättchen frische Minze
einige schwarze Pfefferkörner
Saft von 1 Zitrone
100 ml Pflanzenöl

Für die Minzsauce:

1 Zwiebel
1 Bund Minze
2 EL Olivenöl
1 EL Zucker
2 EL Sherryessig
100 ml Gemüsebrühe
50 g Créme fraíche
frisch gemahlener weißer Pfeffer

Zubereitung:

Knoblauch schälen und durchpressen. Minzeblättchen abwaschen. Pfefferkörner zerdrücken und mit Zitronensaft, Öl, Minze und Knoblauch verrühren.

Koteletts von beiden Seiten beträufeln, abdecken und mindestens 1 Tag marinieren lassen. Danach von der Marinade befreien und für 8-10 Minuten auf den heißen Grillrost legen, dabei einmal wenden.
Für die Minzsauce: Zwiebel schälen und hacken. Minzeblättchen zupfen, waschen, trocknen. Zwiebelwürfel in heißem Olivenöl glasig andünsten. Zucker einstreuen und unter Rühren die Hälfte der Minze beimengen.
Mit Sherryessig und Gemüsebrühe angießen. Einige Minuten köcheln lassen, dann den Topf vom Herd ziehen. Creme fraiche und restliche Minze einrühren, nochmals ab schmecken und lauwarm oder kalt servieren.

Lachs und Roter Bete Salat

ZUTATEN FÜR DEN SALAT:

4 Lachsfilets, je etwa 200 g schwer und 3 cm dick, Gräten entfernt
4 rote Beten (vorgekocht), in dünne Streifen geschnitten
6 mittelgroße Zucchini, in mundgerechte Stücke geschnitten
2 Gurke, in mundgerechte Stücke geschnitten
2 Bund Frühlingszwiebeln
2 Romana Salatkopf, gewaschen und geschnitten
150 g frische Korianderblätter, grob gehackt
2 Limette
Olivenöl
Mehrsalz

ZUTATEN FÜR DIE LIMONENVINIGRETTE:

4 Teelöffel Balsamico
4 Teelöffel Honig
2 Teelöffel frisch gepresster Limettensaft
130 ml Olivenöl
grobkörniges Salz
schwarzer Pfeffer

In einer großen Bratpfanne 1 Teelöffel Olivenöl erhitzen. Die Zucchini und Frühlingszwiebeln darin anbraten. Mit Salz und Pfeffer abschmecken. Beiseitestellen.

Für die Limonenvinaigrette zunächst eine Limette aufschneiden und auspressen. 1 Teelöffel des Limettensafts mit Balsamico, Ahornsirup und Olivenöl vermengen. Mit Salz und Pfeffer abschmecken. Beiseitestellen.
Den Gasgrill für direkte starke Hitze (230–290 °C) erhitzen.
Die Lachsfilets auf beiden Seiten großzügig mit Öl bestreichen und
gleichmäßig mit Salz und Pfeffer würzen.
Filets mit der Hautseite nach oben über direkter starker Hitze bei
geschlossenem Deckel 6–8 Min. grillen, bis sie sich mit einer Grillzange vom Rost lösen lassen, ohne haften zu bleiben. Filets wenden und bis zum gewünschten Gargrad weitergrillen, 2–4 Min. für medium rare (halb durchgebraten) und vom Gasgrill nemen.
Die Romana-Salatblätter auf jedem Teller ausbreiten und darauf rote Beete, Zucchini, Frühlingszwiebeln, Gurke, Lachs und Koriander legen. Darüber die Limonenvinaigrette träufeln und mit den Limettenstücken servieren.

Guacamole
5 Avocados, geschält, entkernt
1 Zwiebel, fein gehackt
1 Jalapeño, ohne Stielansatz, entkernt
1 Tomate, ohne Stielansatz, sehr fein gewürfelt
Saft von 2 Limetten
½ Handvoll frischer Koriander, fein gehackt
In einer Schüssel alle Zutaten mit einer Gabel zu einem sehr cremigen Mus verrühren.

BBQ-Veggie Steaks

Dauer: 40 Minuten

Portionen: Für vier Personen

Zutaten:
120g Seitan
1 Prise Pfeffer
2 Prisen geräuchertes Paprikapulver
½ gemahlene Chili
200ml Gemüsebrühe
2 Knoblauchzehen
1 ½ Esslöffel Tahini
1 Teelöffel Liquid Smoke
1 Esslöffel Sojasauce
1 Esslöffel Bratöl
4 Teelöffel BBQ-Sauce

So wird es gemacht:
Backofen auf 180 Grad vorheizen.
Seitan, Pfeffern, Paprikapulver und Chili miteinander vermischen. Knoblauchzehen fein hacken. Knoblauch, Gemüsebrühe, Tahini, Liquid und Sojasauce mit der Seitanmasse vermengen. Gut kneten. In vier gleichgroße Portionen aufteilen und zu Steaks verarbeiten.
Backblech einölen und Steaks drauf verteilen. Steaks 20 Minuten backen.

Anschließend mit BBQ-Sauce bestreichen und von beiden Seiten knusprig grillen.

Surf-and-Turf-Wraps

Zutaten:
200 g beliebiges Fleisch
16 Garnelen
2 Wraps
100 g Gouda
etwas Salz
etwas Petersilie
Knoblauchsauce
BBQ-Sauce

Zubereitung:
Garnelen kurz auf den Grill legen
Fleisch, Käse und Wraps etwas erhitzen
Knoblauchsauce auf Wraps verteilen
Wraps salzen und mit Fleisch, Garnelen und Petersilie belegen
mit BBQ-Sauce abschmecken

Gemischte Grillplatte

Zutaten für 4 Personen

Für die Schnitzel
4 kleine Schweineschnitzel (a 100-120 g)
2-3 Knoblauchzehen
Einige Thymian Zweige
Einige Majoran Zweige
50 ml Olivenöl
Prise Salz und Pfeffer

Für die Spieße
250 g Roastbeef
4 Schalotten
Je 2 rote und grüne Spitzpaprikaschoten
Olivenöl zum Bestreichen
4 Maiskolben
Salzwasser zum Garen
4 kleine Bratwurstschnecken
Butter zum bestreichen

Zubereitung:

Die Schweineschnitzel unter dem Wasser abspülen und trocken tupfen.
Die Knoblauchzehen schälen und in dünne Scheiben schneiden. Den grob gehackten Kräutern und dem Olivenöl in einer Schüssel verrühren. Das Fleisch darin marinieren und 2 Stunden im Kühlschrank durchziehen lassen.

Die Schnitzel herausnehmen mit Salz und Pfeffer würzen und auf den Grill garen.

Nach dem Wenden die Knoblauchscheiben aus der Marinade auf die Schnitzel legen.

Für die Spieße das Roastbeef in Würfel schneiden. Die Schalotten schälen und halbieren.

Die Paprikaschoten halbieren, entkernen, waschen, abtropfen lassen und in Stücke schneiden.

Das Fleisch, die Zwiebeln und die Paprikastücke abwechselnd auf Holzspieße stecken, etwas salzen und pfeffern und mit Olivenöl bestreichen.

Die Maiskolben in kochendem Salzwasser bissfest garen, herausnehmen und abtropfen lassen.

Die Spieße und die Bratwurstschnecken auf den Grill legen, auf beiden Seiten grillen und mit den Schnitzeln auf einer Platte anrichten.

Die Maiskolben auf den Grill legen und goldbraun grillen, mit Salz würzen, mit der Butter bestreichen und zur Grillplatte servieren.

Scharfe Spareribs

Zutaten für 3-4 Personen:

1,5 kg Spareribs (Schweinerippchen)
Salz und frisch gemahlener schwarzer Pfeffer
Edelsüßes Paprikapulver
1 frische Chilischote
6 Knoblauchzehen
50 g Paprikasauce
50 g Tomatenketchup
1 EL Honig
125 ml Pflanzenöl
etwas Tabasco
2-3 EL süße Sahne

Zubereitung:

Schweinerippchen entlang den Knochen durchschneiden, sodass einzelne Rippchen entstehen. Diese unter fließendem kaltem Wasser waschen (wegen der Knochensplitter) und mit Küchenpapier trocknen. Rippchen von allen Seiten mit Salz, Pfeffer, dem edelsüßen und dem rosenscharfen Paprikapulver einreiben.
Chilischote säubern, entkernen und sehr fein hacken. Knoblauch schälen und in eine Presse geben. Paprikasauce und Tomatenketchup mit dem Chili,

durchgepresstem Knoblauch, Honig, Pflanzenöl und Tabasco verrühren.

Mit Salz, Pfeffer und Sahne abschmecken. Spareribs mit der Marinade bepinseln, in eine Grillschale legen und für ca. 25 Minuten grillen.

Feldsalat mit Honig-Walnuss-Vinaigrette

250 g Ziegenkäse, fein gewürfelt
250 g Feldsalat
100 g Walnüsse
8 Feigen
2 Radicchio
6 EL Weißweinessig
4 TL Honig
4 EL Sonnenblumenöl
Salz und Pfeffer

Salate waschen und trocken schütteln. Radicchio in Stücke zupfen.
Feigen waschen und vierteln. Ziegenkäse in Stücke schneiden.
Walnüsse in einer Pfanne ohne Fett rösten. Anschließend grob hacken. Essig, Honig, Salz und Pfeffer verrühren. Sonnenblumenöl langsam unterrühren. Nüsse zugeben und verrühren.
Salate, Feigen und Ziegenkäse auf Tellern anrichten und
mit der Vinaigrette beträufeln.

Rouladenspieße für den Grill

Dauer: 30 Minuten

Portionen: Für vier Personen

Zutaten:
4 Rouladen (Rinds- oder Putenschnitzerl)
4 Scheiben geräucherter Speck
2 Esslöffel Senf
1 Prise Pfeffer
1 Esslöffel Öl

So wird es gemacht:
Rouladen von beiden Seiten mit Öl bepinseln und mit dem Senf bestreichen. Speckscheibe darauf legen und einrollen. Mit einem Zahnstocher fixieren. Auf Schaschlikspießen aufreihen und auf dem Grill für 15 bis 20 Minuten grillen.

Entenbrust mit Sesammarinade

Zutaten:
4 Entenbrustfilets
70 g Sesam
4 cl Hoisinsauce
4 cl Sojasauce
Chilis (getrocknet)
Orangenschale (gerieben)
etwas Koriander
Knoblauch
Kreuzkümmel

Zubereitung:
alle Zutaten (außer den Entenbrustfilets) vermengen und zu einer Marinade verarbeiten
Entenbrustfilets marinieren
Entenbrustfilets in den Kühlschrank legen
anschließend Marinade wieder entfernen und aufbewahren
Filets auf den Grill geben
gelegentlich wenden
mit restlicher Marinade anrichten

Marinierte Putensteaks

Zutaten für 4 Personen
4 Scheiben Putensteaks mit Knochen (á 250 g)

Für die Marinade:
75 ml Zitronenöl
Saft von ½ Zitrone
Je 1-2 Zweige Rosmarin, Thymian und Basilikum
2 EL mittelscharfer Senf
Prise Salz und Pfeffer
Kräuterzweige zum Garnieren

Zubereitung:

Die Putensteaks unter fließendem Wasser waschen, abtrocknen und in eine Schüssel geben.
Das Zitronenöl mit dem Zitronensaft, den gewaschen und klein geschnittenen Kräutern und dem Senf in eine Schüssel geben und vermischen. Mit Pfeffer und Salz würzen.
Die Putensteaks mit der Marinade bestreichen und zugedeckt im Kühlschrank für mindestens 2-3 Stunden ziehen lassen.
Danach die Putensteaks auf den Grill oder in der Pfanne braten. Mit den Kräuterzweigen garnieren und servieren.

Zu den gegrillten Putensteaks passen Folienkartoffeln und einen Knoblauchdip.

Speckkartoffeln

Zutaten für 4 Personen:

1 kg Kartoffeln
Salz
4 große Weißkohlblätter
½ TL Kümmel
edelsüßes und rosenscharfes Paprikapulver
frisch gemahlener schwarzer Pfeffer
200 g dünne Räucherspeckscheiben
5 EL Grillöl

Zubereitung:

Kartoffeln waschen und in Salzwasser fast gar kochen. Weißkohlblätter in kochendem Salzwasser blanchieren, kalt abbrausen und abtropfen lassen.
Kartoffeln abgießen, schälen und in spießgerechte, gleich große Stücke schneiden. Salzen, mit Kümmel, den beiden Sorten Paprika und Pfeffer würzen.
Den Weißkohl in kleine Stücke schneiden. Kartoffeln und Weißkohl abwechselnd auf Spieße stecken und die Speckstreifen um die fertigen Spieße wickeln.

Die Speckkartoffeln nochmals würzen und mit Grillöl bepinseln. Die Spieße ca. 10 Minuten knusprig grillen.

Lendensteaks mit Apfelrotkohl

FÜR 4 PERSONEN
ZUBEREITUNGSZEIT: 30 MIN.
GRILLZEIT: 8 BIS 10 MIN.

ZUTATEN FÜR DEN APFELROTKOHL:

2 EL Butter
½ kleiner Rotkohl (etwa 500 g), in Streifen gehobelt
2 mittelgroße säuerliche Äpfel, geschält, Kerngehäuse entfernt, grob geraspelt
5 EL Whisky
2 EL Aceto balsamico
¼ TL Selleriesamen (Gewürz)
¼ TL schwarzer Pfeffer
¾ TL grobes Meersalz
4 Schweinelendensteaks, je etwa 230 g schwer und 2,5 cm dick,
überschüssiges Fett entfernt
Olivenöl

Die Schweinesteaks auf beiden Seiten dünn mit Öl bestreichen, mit Salz und Pfeffer würzen. Beiseitestellen und 30 Min. ziehen lassen.
Den Gasgrill für direkte mittlere Hitze (180–230 °C) erhitzen.
Für den Rotkohl die Butter in einer großen Pfanne auf mittlerer Stufe zerlassen. Rotkohl und Äpfel darin etwa 3 Min. dünsten, bis der Kohl etwas zusammenfällt. Whisky, Essig und Selleriesamen einrühren und den Rotkohl in der verschlossenen Pfanne 10–12 Min. garen, bis er weich ist. Ab und zu umrühren. Vom Herd nehmen. Mit Salz und Pfeffer abschmecken und zugedeckt warm halten.
Schweinesteaks über direkter mittlerer Hitze bei geschlossenem
Deckel 8–10 Min. grillen, bis sie gar, aber innen noch leicht rosa sind,
dabei ein- bis zweimal wenden. Vom Gasgrill nehmen, 5 Min. ruhen
lassen und warm mit dem Rotkohl servieren.

Fenchel-Apfel-Salat

500 g Fenchel, ohne Strunk, gewürfelt
3 säuerliche Äpfel, ohne Kerngehäuse, gewürfelt
300 g Feldsalat
100 g Radicchio
Saft 1 Zitrone
200 ml Joghurt oder Sojajoghurt
Salz, Pfeffer
etwas Olivenöl

Den Fenchel mit dem Knoblauch in Alufolie einpacken. Für ca. 10 Minuten auf dem Grill durchgaren lassen. Danach abkühlen lassen.

In einer großen Schüssel alle Zutaten miteinander vermengen und mit Salz, Pfeffer und etwas Olivenöl abschmecken.

Gefüllte Hühnerbrust vom Grill

Dauer: 60 Minuten

Portionen: Für vier Personen

Zutaten:
720g Hühnerbrust, jeweils 180g
20 Scheiben Bacon
50g Mozzarella
50g Tomaten, in Öl getrocknet
2 Zweige Basilikum
10g grüner Pfeffer
10g roter Pfeffer
1 Prise Meersalz

So wird es gemacht:
Mozzarella in mundgerechte Stücke schneiden und vorher abtropfen lassen. Tomaten in kleine Würfel schneiden. Basilikum waschen, abtropfen lassen und fein hacken. Alles in eine Schüssel geben und miteinander vermengen. Mit Salz und Pfeffer abschmecken.
Hühnerbrust waschen, trocken tupfen und eine Tasche in das Fleisch schneiden. Diese Lücke mit der Masse befüllen und mit einem Zahnstocher fest fixieren.
Den gemahlenen Pfeffer auf einer Platte verteilen und Hähnchen jeweils darin wälzen. Mit jeweils fünf Bacon umwickeln.

Bei 150 Grad auf dem Grill für 30 Minuten anbraten. Dabei mehrmals wenden und kross grillen.

Saltimbocca Hähnchen

Zutaten:

25 Gramm getrocknete Tomaten
1 El geriebenen Parmesan
Pfeffer
5 El Olivenöl
2 Hähnchenbrustfilets mit je ca. 150g)
6 Scheiben Parmaschinken
12 Salbeiblätter
2 Zitronen
5 El Zucker
Holzspieße

Zubereitung:
Zur Vorbereitung sollten die Holzspieße für ca. 30 Minuten in Wasser eingeweicht werden. Danach sollten die getrockneten Tomaten in groß hacken und mit Parmesan, Pfeffer und 3 EL Öl in eine Schüssel geben und zerkleinern.
Als nächstes dann die Hähnchenbrust in kleine Filets abschneiden. Die großen Hähnchenbrustfilets in ca. 1cm dicke Scheiben schneiden. Dann alles noch einmal plattieren. Als nächstes den Parmaschinken quer halbieren. Danach je 1 Tl der Tomatenmasse auf die pattierten Fleischstücke streichen und dann mit je einem Stück Schinken bedecken und zur Hälfte zuklappen. Die Saltimbocca dann mit je 1 Salatblatt

belegen und mit den Holzspießen verschließen. Dann müssen die Zitronen gefiertelt werden.

Dann Saltimbocca von beiden Seiten mit 3 EL Öl beträufeln und auf dem heißen Grill von jeder Seite für 5 Minuten grillen. Die Schnittfläche der Zitronenviertel in den Zucker reindrücken und von jeder Seite 3 Minuten grillen. Das Ganze dann zu den Saltimbocca servieren. Guten Appetit!

Wildscheinsteaks

Zutaten für 4 Personen
800 g Wildschweinrücken ohne Knochen
Prise Salz und Pfeffer

Für die Glasur
1 gehäufter EL weiße Pfefferkörner
1 gehäufter EL rosa Pfefferkörner
2 EL Zuckerrübensirup
2 cl Portwein

Zubereitung:

Den Wildschweinrücken unter fließendem Wasser waschen, abtrocknen und zu Schmetterlingssteaks schneiden. Anschließend leicht klopfen und mit Salz und Pfeffer würzen.
Die rosa und weißen Pfefferkörner im Mörser zerreiben.
Den Zuckersirup mit dem Portwein leicht erwärmen, den Pfeffer einrühren, die Steaks in der Glasur wenden und für ca. 20 Minuten im Kühlschrank ziehen lassen.
Die Steaks aus der Marinade nehmen und auf den Grill geben.
Mit gegrillten Maiskolben und Riesenchampignoms mit Tomaten-Gorgonzola-Füllung servieren.

Gegrillte Rosenberg-Garnelen

Zutaten für 4 Personen:

800 g große Garnelen, ohne Köpfe, doch mit Panzer
2 EL Limettensaft
2 Knoblauchzehen
100 g Butter
Salz und Pfeffer
80 g Paniermehl
Je 1 TL gehackter Thymian, Basilikum und Oregano
1 Msp. Cayennepfeffer
neutrales Pflanzenöl zum Einpinseln

Zubereitung:

Panzer der Garnelen vorsichtig auf den Innenseiten aufschneiden und so ablösen, dass sie ganz bleiben. Panzer abspülen und trocknen, mit Limettensaft beträufeln.
Garnelen am Rücken entlang einschneiden und die schwarzen Därme entfernen. Garnelen abspülen und trocknen. Knoblauch schälen und durchpressen.
Butter in einem Topf aufschäumen lassen und den Knoblauch glasig braten, leicht mit Salz würzen und abkühlen lassen.
Paniermehl, Salz, 1 gute Prise Pfeffer, Kräuter und Cayennepfeffer vermischen. Garnelen zuerst in der

Knoblauchbutter wenden, dann in der Kräuterpanade wälzen.

Wieder in die Panzer stecken. Panzer und Grillrost mit Öl einpinseln und die Garnelen 10 Minuten grillen, dabei mehrmals wenden.

Schnelles Pulled Pork vom Filet mit Kartoffelstampf

FÜR 4 BIS 6 PERSONEN
ZUBEREITUNGSZEIT: 30 MIN.
GRILLZEIT: 15 BIS 20 MIN.

ZUTATEN FÜR DIE SAUCE:

250 ml Ketchup
2 EL Apfelessig
1 EL Melasse (Reformhaus)
2 EL Butter
1 EL Worcestersauce
1 TL Knoblauchpulver
½ TL schwarzer Pfeffer

ZUTATEN FÜR DIE WÜRZMISCHUNG:

1 TL Chilipulver (Gewürzmischung)
¼ TL Knoblauchpulver
½ TL schwarzer Pfeffer
1 TL grobes Meersalz

ZUTATEN FÜR DEN KARTOFFELSTAMPF:

600 g Kartoffeln
1 Zwiebel, in feine Ringe geschnitten

230 g Butter
Salz und Pfeffer

2 Schweinefilets, je 350–450 g, überschüssiges Fett und
Silberhaut
entfernt
2 EL Olivenöl

ZUBEHÖR:
KARTOFFELSTAMPFER
DIGITALES FLEISCH THERMOMETER

Die Kartoffel schälen und in Salzwasser weich kochen. Zwiebelringe in einer Pfanne mit Butter glasig dünsten. Die Kartoffel zugeben. Das Gemisch mit einem Kartoffelstampfer zerdrücken, mit Salz und Pfeffer abschmecken. Beiseitestellen.
Die Zutaten für die Würzmischung in einer kleinen Schüssel
vermengen. Die Schweinefilets auf allen Seiten dünn mit Öl bestreichen, gleichmäßig mit der Würzmischung bestreuen. Beiseitestellen und 30 Min. ziehen lassen.
Die Zutaten für die Sauce mit 130 ml Wasser in einem kleinen Topf
mit dem Schneebesen verrühren, auf mittlerer Stufe aufkochen und
etwa 5 Min. köcheln lassen, dabei ab und zu erneut mit dem
Schneebesen kräftig verrühren. Beiseitestellen.

Den Gasgrill für direkte mittlere Hitze (180–230 °C) erhitzen.

Die Schweinefilets über direkter mittlerer Hitze bei geschlossenem Deckel 15 bis 20 Min. grillen, dabei etwa alle 5 Min. wenden, bis sie außen gleichmäßig gebräunt sind und im Inneren eine Kerntemperatur von 65 °C haben. Vom Gasgrill nehmen, in Alufolie wickeln und etwa 15 Min. ruhen lassen.
Die Schweinefilets quer in jeweils vier Stücke schneiden. Das warme Fleisch mit zwei Gabeln in Streifen zerteilen. In eine große Schüssel geben und nach Geschmack mit der entsprechenden Menge Sauce vermischen, auf weichem Kartoffelstampf servieren.

Stockbrot

280 g Weißmehl
½ P. Trockenhefe
½ TL Salz
1 EL Öl
200 ml Wasser, lauwarm
etwas Thymian und Rosmarin
6 Stöcke
etwas Alufolie

In einer Rührschüssel das Mehl, die Hefe und das Salz gut vermischen. Danach langsam das lauwarme Wasser und Öl hinzugeben. Sehr gut mit den Händen zu einem glatten Teig verkneten. Mit einem Tuch abgedeckt für ca. 30 Minuten aufgehen lassen.

Nun noch einmal gut durchkneten und in 6 gleich große Stücke schneiden. Die Stücke zu länglichen Rollen formen.

Die Stöcke mit Alufolie umwickeln und mit Öl einpinseln. Nun auf jeden Stock eines der Teigstücke wickeln.

Auf dem Grill für ca. 10 - 15 Minuten unter ständigem Wenden grillen.

Hähnchen Sandwich

FÜR 4 PERSONEN
ZUBEREITUNGSZEIT: 15 MIN.
GRILLZEIT: 10 BIS 13 MIN.

130 g Frischkäse mit Knoblauch und Kräutern
1 Handvoll Rucolablätter, gewaschen und trockengeschleudert
2 Eiertomaten, in 0,5 cm dicke Scheiben geschnitten
8 Scheiben Weizenvollkornbrot (etwa 450 g), je 1 cm dick

2 Hähnchenbrustfilets, je etwa 180 g
2 EL Olivenöl
½ TL grobes Meersalz
¼ TL schwarzer Pfeffer

ZUBEHÖR:
BACKBLECH
GUSSEISERNE PFANNE

Den Gasgrill für direkte mittlere Hitze (180–230 °C) erhitzen.
Die Brustfilets längs halbieren, gleichmäßig mit Öl bestreichen,
salzen und pfeffern. Beiseitestellen und 10 Min. ziehen lassen.

Hähnchenfleisch über direkter mittlerer Hitze bei geschlossenem
Deckel 4–5 Min. grillen, bis es sich auf Druck fest anfühlt und auch im Kern nicht mehr glasig ist, dabei einmal wenden. Vom Grill nehmen und ruhen lassen.
Die Gasgrilltemperatur auf niedrige Hitze (120–180 °C) absenken.
Die Brotscheiben mit Frischkäse bestreichen. Auf vier Scheiben
jeweils etwas Rucola, 3 Tomatenscheiben und 1 Hähnchenstreifen
geben. Mit den übrigen Scheiben (Frischkäseseite nach unten) bedeckenund fest andrücken. Die Außenflächen leicht mit Öl einreiben.
Die Sandwiche nebeneinander über direkte niedrige Hitze legen.
Mit dem Backblech und mit der gusseisernen Pfanne darin beschweren und 6 bis 8 Min. grillen, dabei einmal wenden und erneut beschweren, bis sie goldbraun geröstet sind. Vom Gasgrill nehmen und sofort servieren.

Gegrillter Tempeh auf asiatische Art

650 g Tempeh, in dünne Scheiben geschnitten
7 EL Tahini/Sesampaste
2 Knoblauchzehen, gepresst
5 EL Olivenöl
½ TL Ingwer, gemahlen
½ TL Kurkuma, gemahlen
½ TL Curry, gemahlen
Saft von 3 Zitronen
Salz, Pfeffer
etwas Öl

In einer flachen Schüssel das Olivenöl, die Zitronen und Tahini zu einer Marinade vermengen. Die restlichen Zutaten, bis auf den Tempeh dazugeben.

Den Tempeh dazugeben und in der Marinade ziehen lassen, am besten über Nacht.

Auf den Grill geben und von allen Seiten für ca. 10 Minuten knusprig grillen.

Pizza Hotdog vom Grill

Dauer: 30 Minuten

Portionen: Für zwei Personen

Zutaten:
2 Wiener Würstchen
2 Hotdog Brötchen
2 Esslöffel Kräuterbutter
2 Esslöffel Pizzasauce
2 Scheiben Rohschinken
8 kleine Salami Scheiben
50g geriebener Käse

So wird es gemacht:
Die Würstchen auf dem Grill von allen Seiten anbraten.
Die Brötchen kurz darauf erwärmen.
Brötchen mit der Butter bestreichen und dann mit der Pizzasauce, den Würstchen, Rohschinken, Salami und Käse befüllen.
Die Brötchen noch einmal für fünf Minuten auf dem Grill anbraten, bis der Käse geschmolzen ist.

Knoblauch-Brotspieße

Zutaten:
250 g Mozzarellakugeln
1 Baguette
3 Knoblauchzehen
150 ml Olivenöl
Salz
Pfeffer
etwas Basilikum

Zubereitung:
Baguette würfeln
Basilikum waschen und zerkleinern
Knoblauch abziehen und pressen
Knoblauch mit Olivenöl und Basilikum vermengen
salzen und pfeffern
Baguettewürfel mit der Masse bestreichen
Mozzarella und Würfel auf Spieße aufteilen
Spieße kurz auf den Grill legen

Burger vom Grill

Zutaten für 6 Portionen

1 gelbe Paprika
1 Zucchini
1 Knoblauchzehe
2 EL Öl
6 Salatblätter
6 Hamburger Pads (TK oder frisch)
6 Hamburger Brötchen
1 Avocado
Etwas Ketchup

Zubereitung:

Paprika waschen und in Streifen schneiden. Zucchini waschen und in dünne Scheiben schneiden. Knoblauch schälen und in Scheiben schneiden. Öl in einer Pfanne erhitzen, Zucchini und Paprika darin ca. 4 Minuten braten. Knoblauch dazugeben und ca. 6 Minuten mitbraten. Salat waschen. Avocado halbieren, entkernen und das Fruchtfleisch in der Schale in Spalten schneiden.
Währenddessen die Hamburgerpads auf den Grill geben. Die Hamburger Brötchen halbieren, mit Ketchup bestreichen und mit Patties, Salat, Gemüse und Avocado belegen.

Eingelegte Knoblauchgarnelen

Zutaten für 4 Personen:

1 kg Garnelen mit Schale, entdarmt
6 Knoblauchzehen
6 EL Olivenöl
1 Bund Petersilie
Pfeffer und grobes Salz

Zubereitung:

Garnelen in einen Frischhaltebeutel mit Olivenöl, Salz, Pfeffer und gepressten Knoblauch geben. Den Beutel schließen und gut durchmischen.
Die Garnelen etwa 20-30 Minuten darin lassen und kalt stellen.
Währenddessen den Grill ordentlich einheizen. Die Garnelen ca. 3 Minuten auf den Grill geben. Wichtig ist dabei, dass kein Öl in die Glut fällt.
Petersilien waschen, trocknen und fein hacken. Die fertigen Garnelen mit der Petersilie anrichten.

Hirschmedaillons mit Birnenchutney

FÜR 4 PERSONEN
VORBEREITUNGSZEIT: 40 MIN.
ZUBEREITUNGSZEIT: 20 MIN.
GRILLZEIT: 12 MIN.

ZUTATEN FÜR DAS CHUTNEY:
500 g Birnen
1 kleine Zwiebel
30 g frischer Ingwer
½ Knoblauchzehe
2 EL Öl
30 g Rosinen
100 g Rohrzucker
100 ml Weißweinessig Saft und Schale von 1 Orange
je 1 Zimtstange, Gewürznelke, Lorbeerblatt, Sternanis und Chilischote
grobes Salz
4 Hirschmedaillons (ca. 200 g)
4 Scheiben Speck
8 Salbeiblätter etwas Wildgewürz

Zwiebel schälen, in Streifen scheiden. Ingwer und Knoblauch schälen, fein würfeln. Zwiebeln, Ingwer und Knoblauch in heißem Öl andünsten, mit Zucker bestreuen, karamellisieren lassen, mit Essig ablöschen. Orangensaft und Orangenschale, Rosinen, Zimt, Nelke, Lorbeer, Sternanis und Chili zugeben.

Geschälte, in Stücke geschnittene Birnen mit etwas Salz hinzugeben.

Einkochen, bis die Mischung eine sämige Konsistenz hat. Chutney mit Salz und Zucker abschmecken, abkühlen lassen.

Den Gasgrill für indirekter mittlere Hitze (180–230 °C) erhitzen.

Hirschmedaillons mit jeweils einer Scheibe Speck umwickeln,

dabei je zwei Salbeiblätter mit festbinden. Salzen und pfeffern

und mit Wildgewürz bestreuen. Fleisch von beiden Seiten jeweils 2 Min. anbraten, dann über indirekter mittlerer Hitze bei geschlossenem Deckel 10 Min. weitergrillen, vom Gasgrill nehmen und 5 Min. ruhen lassen. Warm servieren

Tofu-Gemüse-Spieße

500 g Tofu, in dickere Würfel geschnitten
3 Zucchini, ohne Stielansatz, in dickere Scheiben geschnitten
3 Paprikaschoten, ohne Stielansatz, entkernt, ohne Venen, in dickere Stücke geschnitten
20 Cocktailtomaten, halbiert
20 Champignons, halbiert
10 EL Olivenöl
3 EL Dijonsenf
4 EL Honig
1 Schuss Tabascosoße
Salz und Pfeffer zum Abschmecken
12 Grillspieße
Das Öl, den Senf, die Tabascosoße und den Honig in einer Schüssel gut miteinander mischen und mit Salz und Pfeffer abschmecken. Die Tofuwürfel darin am besten über Nacht marinieren.
Alle Gemüsezutaten mit dem Tofu nun abwechselnd auf Grillspieße stecken.
Auf den Grill geben und dabei regelmäßig wenden.

Putensteaks für den Grill

Dauer: 70 Minuten

Portionen: Für fünf Personen

Zutaten:
1000g Putenbrust
6 Knoblauchzehen
1 Esslöffel Knoblauchgranulat
6 Esslöffel Gewürzmischung
1 Prise Salz
1 Prise Chili
3 Esslöffel Öl
250ml Bier

So wird es gemacht:
Putenbrust waschen, trocken tupfen und in Scheiben schneiden.
Alle anderen Zutaten in eine Schüssel geben und zu einer Marinade verarbeiten. Die Putenbrust darin einlegen und für eine Stunde ziehen lassen.
Anschließend für 10 Minuten auf dem Grill braten.

Balsamico Ketchup Sauce

Zutaten:
2 EL Traubenkernöl
1 Zwiebel
1 Knoblauchzehe
2 EL Melasse
3 Esslöffel Kokoszucker
50 ml Balsamico
1 EL Tomatenmark
800 Gramm passierte Tomaten
1 TL Meersalz
ein halber Teelöffel gemahlene Senfkörner
1 Prise Piment
ein halber Teelöffel Muskatnuss

Zubereitung:
Als erstes müssen die Zwiebeln und der Knoblauch geschält und fein gehackt werden. Dann etwas Öl in einer großen Stielkasselro
Zwiebeln und Knoblauch schälen und fein hacken. Öl in einen kleinen Tops geben und bei mittlerer Hutze erwärmen. Die Zwiebeln für ca. eine Minute anschwitzen lassen. Dann den restlichen Knoblauch hinzufügen und gares bis alles weich ist.
Danach die restlichen Zutaten dazugeben und kurz aufkochen. Danach die Hitze etwas reduzieren und die neue Masse bei geringer Hetze ungefähr eine Stunde einkochen lassen. Zwischendurch nicht vergessen gelegenheitlich umzurühren.

Sobald der Ketchup die gewünschte Konsistenz erreicht hat, kann er für eine besonders cremige Struktur noch einmal in den Mixer gegeben werden. Den fertigen Ketchup dann in einem luftdichten Behälter aufbewahren.

Garnelen-Spieße

Zutaten für 6 Spieße

12 TK-Garnelen (ohne Kopf und Schale, á ca. 35 g)
6 Holz-Schaschlikspieße
12 Kirschtomaten
Kräutermarinade (siehe oben unter Marinaden)
Prise Salz und Pfeffer

Zubereitung:

Garnelen auftauen lassen, Holzspieße 25 Minuten in kaltem Wasser einweichen.
Garnelen abtrocknen, mit den Kirschtomaten abwechselnd auf die Holzspieße stecken.
Mit der Kräutermarinade bestreichen und abgedeckt für eine Stunde in den Kühlschrank geben.
Danach die Spieße auf den Grill geben und für 6-8 Minuten rundherum grillen. Mit Salz und Pfeffer würzen.

Banane vom Grill

Zutaten:

4 Bananen mit Schale
Nach Belieben Eis, Nüsse Schokosauce

Zubereitung:

Bananen samt Schale auf den Grill legen, öfters mal wenden. Wenn die Schale dunkelbraun sich verfärbt und leicht aufzuplatzen beginnt, ist sie fertig.
Mit Eis, Nüsse oder einer Schokosauce ist das Dessert ein Hingucker auf jeder Grillparty.

Lachssteaks mit Tomatendressing

FÜR 4 PERSONEN
ZUBEREITUNGSZEIT: 10 MIN.
GRILLZEIT: 8 BIS 11 MIN.

4 Lachssteaks, je etwa 200 g schwer und 2,5 cm dick, Gräten entfernt
6 EL sonnengetrocknete Tomaten in Öl, abgetropft, trockengetupft,
grob gewürfelt
1 EL Rotweinessig
2 TL frische Oreganoblätter, gehackt
1 TL rote Chiliflocken
Olivenöl
Salz und Pfeffer

Den Gasgrill für direkte starke Hitze (230–290 °C) erhitzen.
Chiliflocken, Essig, Oregano, und eine gute Prise Salz in einer kleinen Schüssel verrühren. 4 EL Öl nacheinander langsam mit einer Gabel unterschlagen. Die getrockneten Tomaten unterrühren und bis zum Servieren beiseitestellen.
Lachssteaks auf beiden Seiten mit Öl bestreichen und gleichmäßig mit Salz und Pfeffer würzen.

Lachssteaks über direkter starker Hitze bei geschlossenem Deckel 6–8 Min. grillen, bis sie sich mit einer Grillzange vom Rost lösen lassen, ohne haften zu bleiben. Wenden und bis zum gewünschten Gargrad weitergrillen, 2–3 Min. für medium (nicht ganz durchgebraten).

Die Lachssteaks auf Tellern anrichten, jeweils etwas Tomatendressing darübergeben und sofort servieren.

Kartoffel-Gemüse-Spieße

6 große Kartoffeln, geschält, in Würfel geschnitten
24 Cocktailtomaten
24 Champignons
6 EL Olivenöl
1 EL Rosmarin, gemahlen
1 TL Kümmel, gemahlen
100 ml Wasser
Salz und Pfeffer zum Abschmecken
12 Grillspieße

Aus dem Öl, dem Wasser und den Gewürzen eine Marinade herstellen. Dann die Kartoffeln darin ziehen lassen. Nun noch mit etwas Salz und Pfeffer abschmecken.

Alle Zutaten abwechselnd auf die Spieße stecken. Nun auf dem Grill von allen Seiten für ca. 10 Minuten anbraten.

Thunfisch Burger

Dauer: 45 Minuten

Portionen: Für vier Personen

Zutaten:

Für die Buletten:
600g Thunfischsteaks
70g Schalotte
2 Esslöffel Kapern
2 Teelöffel Ingwer
1 Esslöffel Sojasauce
1 Esslöffel Sesamöl
1 Teelöffel Worcestersauce
2 Esslöffel Koriander
1 Prise Salz
1 Prise Pfeffer

Außerdem:
4 Esslöffel Limettensaft
4 Burgerbrötchen
4 Salatblatt

So wird es gemacht:
Fisch in kleine Stücke schneiden. Nun alle Zutaten für die Bulette in eine Schüssel geben und zu einer homogenen Masse verarbeiten. Hände leicht anfeuchten und vier gleichgroße Buletten formen.

Buletten auf einem Grill von beiden Seiten goldbraun anbraten.
Burger halbieren, mit den Saucen, dem Salatblatt und den Buletten belegen und genießen.

Grill – Marinade – Andere Variante

Dauer: 10 Minuten

Portionen: Für vier Personen

Zutaten:
200ml Sonnenblumenöl
10ml Zitronenöl
4 Esslöffel edelsüßes Paprikapulver
2 Knoblauchzehen
1 Prise Zucker
½ Teelöffel Balsamico
1 Esslöffel Tomatenmark
1 Esslöffel getrocknete Kräuter der Provence
1 Esslöffel Chili
1 Esslöffel frisches Thymian
1 Esslöffel frisches Rosmarin
1 Prise Salz
1 Prise Pfeffer

So wird es gemacht:
Knoblauch schälen, waschen und sehr fein hacken. Thymian fein hacken. Rosmarin ebenfalls fein hacken. Nun alle Zutaten in einen Mixer geben und zu einer homogenen Masse verarbeiten und darauf eine Marinade machen. Die Marinade für mehrere Stunden im Kühlschrank kühl lagern. Die Marinade kann sowohl kühl als auch warm genossen werden.

Bifteki (Griechenland)

Zutaten:

400 g Rinderhack
200 g Schafskäse
2 Eier
1 Zwiebel
1 altes Brötchen
1 Bund Petersilie
etwas Oregano
1 TL Kreuzkümmel
1 TL Piment
Olivenöl
Salz
Pfeffer

Zubereitung:
Zwiebel würfeln und leicht garen
Petersilie zerkleinern
Brötchen in Wasser geben und in Stückchen zerteilen
Alle Zutaten (bis auf Käse) vermengen
Zwiebelwürfel beifügen
Teil des Hackfleisches auf Alufolie geben
Schafskäse auf Hackfleisch verteilen und zusammenrollen

Tomatenpäckchen

Zutaten für 4 Personen

500 g Tomaten
2 Kugeln Mozzarella (a 250 g)
Alufolie
1 Zweig Oregano
Einige Zweige Basilikum
50 g Rucola
2 Knoblauchzehen
50 ml Olivenöl
Prise Salz und Pfeffer

Zubereitung:

Die Tomaten waschen und in Scheiben schneiden.
Den Mozzarella abtropfen lassen und ebenfalls waschen
Entsprechend große Stücke Alufolie auf eine Arbeitsfläche legen, die Tomaten- und Mozzarellascheiben auf die Folie schichten.
Die Kräuterzweige und den Rucola waschen, fein hacken, mit den geschälten und fein gehackten Knoblauchzehen in einen Mörser geben, das Olivenöl hinzufügen und das Ganze zerreiben.
Das Pesto über die Tomaten und Mozzarellascheiben verteilen und mit Salz und Pfeffer würzen. Die Alufolie verschließen und die Päckchen auf dem Grill 8-10 Minuten garen.

Gegrilltes Gemüse mit Knobibaguette

Zutaten für 4 Personen:

2 Fenchelknollen
500 g frischer Blattspinat
1 kleine Aubergine
1 Bund gemischte Kräuter (Petersilie, Oregano, Basilikum, Schnittlauch)
5 Knoblauchzehen
100 ml Olivenöl
Saft von 1 Zitrone
Salz und Pfeffer
50 g geriebener Parmesan

Für das Knoblauchbaguette:

½ Bund Kerbel oder Petersilie
10-15 Knoblauchzehen
100 g gehackte Walnüsse, Mandeln oder andere Nüsse
200 g zimmerwarme Butter oder 100 ml Olivenöl
1 Stange Weißbrot

Zubereitung:

Fenchelknollen säubern der Länge nach vierteln. Blattspinal waschen und trocknen. Aubergine waschen, halbieren und in dünne Scheiben schneiden.

Kräuter zupfen, waschen, trocknen und hacken. Knoblauch schälen und durchpressen. Olivenöl mit Kräutern, Knoblauch und dem Zitronensaft verrühren.

Mit Salz und Pfeffer kräftig würzen. Spinat und Fenchel nach Belieben mit dem geriebenen Parmesan vermischen.

Jede Gemüsesorte separat mit Alufolie in jeweils 4 Päckchen mit der entsprechenden Menge Kräuter-Olivenöl verpacken und ca. 15 Minuten auf dem Grill garen.

Kräuter waschen, trocknen und hacken. Knoblauch schälen und durchpressen. Kräuter, Knoblauch und die gehackten Nüsse mit der Butter oder dem Olivenöl verrühren.

Das Stangenweißbrot quer etwa zehnmal tief einschneiden, aber nicht durchschneiden. Kräuterbutter oder -öl in die Broteinschnitte streichen.

Das Stangenweißbrot in Alufolie wickeln und ca. 15 Minuten auf den heißen Grillrost legen.

Red Snapper Filets

FÜR 4 PERSONEN
ZUBEREITUNGSZEIT: 10 MIN.
GRILLZEIT: 4 BIS 5 MIN.

ZUTATEN FÜR DIE BUTTER:

100 g Butter
2 EL frische glatte Petersilienblätter, fein gehackt
1 EL Kapern, abgespült
1 EL frisch gepresster Zitronensaft

4 Filets vom Red Snapper mit Haut, je etwa 120–150 g und 1,5 cm dick
Olivenöl
Salz und Pfeffer

Die Butter in einem kleinen Topf auf mittlerer Stufe zerlassen.
Petersilie, Zitronensaft und Kapern einrühren. Vom Herd nehmen und warm halten.
Den Gasgrill für direkte starke Hitze (230–290 °C) erhitzen.
Die Fischfilets auf beiden Seiten mit Öl bestreichen und gleichmäßig mit Salz und Pfeffer würzen. Filets mit der Hautseite nach oben über direkter starker Hitze bei geschlossenem Deckel 4–5 Min. grillen, dabei nach 3

Min. vorsichtig wenden, bis das Fischfleisch fast blättrig zerfällt, wenn man mit einer Messerspitze hineinsticht. Vom Gasgrill nehmen, auf Tellern anrichten und warme Butter darüberlöffeln. Sofort servieren und nach Belieben gedünsteten Reis dazu reichen.

Käse in Weinblättern

18 Weinblätter (eingelegt, aus der Dose oder dem Glas)
250 g Feta, mit einer Gabel zerdrückt
10 getrocknete Tomaten, fein gehackt
1 Zwiebel, sehr fein gehackt
½ Handvoll frischer Thymian, fein gehackt
50 ml Pflanzenöl
Salz und Pfeffer zum Abschmecken

Die Weinblätter für ca. 20 Minuten in Wasser einweichen. Inzwischen aus dem Rest der Zutaten eine cremige Füllung herstellen. Zum Schluss mit Salz und Pfeffer abschmecken.

Nun die Weinblätter auf einer Arbeitsfläche ausrollen und mit der Füllung befüllen. Zusammenrollen und ein zweites Weinblatt darum herumwickeln.

Auf dem Grill für ca. 10 Minuten von allen Seiten grillen.

Schoko-Banane mit Marshmallows und Nüssen vom Grill

Dauer: 25 Minuten

Portionen: Für vier Personen

Zutaten:
4 Bananen
32 kleine Marshmallows
100g Schokotröpchen
100g gehackte Mandeln

So wird es gemacht:
Banane schälen, längs halbieren und mit Mandeln, Tröpfchen und Marschmallows füllen. In Alufolie umwickeln für 15 Minuten auf dem Grill braten.

Chimichurry Sauce (Uruguay)

Zutaten:
1 rote Paprika gehackt
1 große Tomate enthäutet, entkernt, gehackt
1 große Zwiebel
2 Knoblauchzehen gehackt
2 TL Petersilie gehackt
125 ml Olivenöl
250ml Essig
1 TL Salz
1 TL zerstoßene schwarze Pfefferkörner
1 TL Oregano

Zubereitung:
Beginnen Sie alle Zutatenen aus dem ersten Abschnitt (1 rote Paprika gehackt, 1 große Tomate enthäutet entkernt gehackt,1 große Zwiebel, 2 Knoblauchzehen gehackt, 2 TL Petersilie gehackt) und alle Zutaten aus dem unteren Abschnitt (125 ml Olivenöl, 250ml Essig, 1 TL Salz, 1 TL zerstoßene schwarze Pfefferkörner, 1 TL Oregano) getrennt in zwei unterschiedlichen Töpfen.
Nachdem Sie in beiden Töpfen eine Mischung haben können Sie die Inhalte beider Töpfe in einen großen Topf geben und verrühren diesen noch einmal sehr gut durch.
Die Saucenschale danach mit etwas Frischhaltefolie bedecken und für mindestens 12 Stunden in den Kühlschrank stellen.

Die Sauce schmeckt sehr gut zu gegrillten Fleisch und Würstchen.

Glasnudel-Kokos-Salat

Zutaten für 4 Portionen

150 g Glasnudeln
15 Champignons
3 Karotten
4 EL geröstete, gesalzene Erdnusskerne
200 ml Kokosmilch
1 TL fein abgeriebene Bio-Limettenschale
4 EL Limettensaft
2 EL flüssiger Honig
Prise Salz
1 Bund Koriandergrün

Zubereitung:

Glasnudeln nach Packungsanleitung garen. Champignons wasche, in dünne Scheiben schneiden oder hobeln. Karotten schälen und klein raspeln. Erdnüsse klein hacken. Nudeln abgießen, abschrecken und abtropfen lassen. Mit einer Schere die Nudeln in 15-20 cm lange Stücke schneiden.
Limettenschale und -saft, Kokosmilch, Honig und Salz in einer Schüssel vermischen. Pilze, Nudeln und Karotten untermengen. Mit Salz abschmecken. Mit Erdnusskerne und Koriander bestreuen und servieren.

Quinoa Salat mit gegrillten Pfirsichen und Ziegenfrischkäse

FÜR 4 PERSONEN
ZUBEREITUNGSZEIT: 20 BIS 25 MIN.
GRILLZEIT: 8 BIS 10 MIN.

200 g weißer Quinoa
200 g Pflücksalat, Wildkräuter oder Babyspinat, gewaschen und geputzt
200 g Ziegenfrischkäse
4 reife Pfirsiche, halbiert und entkernt
2 TL Kokosöl
4 EL Ahornsirup
1 kleine Orange
8 EL weißer Balsamico-Essig
8 EL Olivenöl
2 EL helles Mandelmus
2 EL Honig
Essbare Blüten zum Garnieren
Salz und Pfeffer

Quinoa nach Verpackungsanleitung garen.
Für das Dressing Orange auspressen und den Saft mit Balsamicoessig, Olivenöl, Mandelmus und Honig verquirlen, mit Meersalz und Pfeffer abschmecken. Beiseitestellen.

Den Gasgrill für direkte mittlere Hitze (180–230 °C) erhitzen.
Pfirsiche über direkter mittlerer Hitze bei geschlossenem Deckel 8–10 Min. grillen, bis die Pfirsiche leicht gebräunt und weich sind, dabei ein bis zweimal wenden und in der letzten Minute mit Ahornsirup bestreichen, kurz karamellisieren lassen, vom Gasgrill nehmen. Pfirsichhälften in Spalten schneiden.
Den Ziegenfrischkäse zerkrümeln, mit Quinoa und Salat vermischen und auf Tellern anrichten, Dressing darüberträufeln. Die gegrillten Pfirsiche darauf verteilen. Mit essbaren Blüten garnieren und sofort servieren.

Kartoffelpuffer

12 Kartoffeln, geschält, geraspelt
150 g Quark
2 Eier
4 EL Mehl
1 Zwiebel, fein gehackt
3 Knoblauchzehen, gepresst
jeweils 1 Prise Kümmel, Salz und Pfeffer
etwas Öl

In einer großen Schüssel alle Zutaten miteinander zu einer guten Masse vermengen. Ca. 15 Minuten abgedeckt ziehen lassen.

Aus der Masse flache Puffer formen und für ca. 10 Minuten von allen Seiten auf dem Grill goldbraun durchbraten lassen.

Andere vegetarische Lebensmittel fürs Grillen

Auch bei anderen Zutaten ist die Auswahl groß: Artischocken, Pastinaken und Kochbananen können ebenfalls beim Grillen verwendet werden. Sie schmecken – gut gewürzt – sehr gut und können entweder als Hauptspeise oder als Beilage serviert werden.

Gemischter Salat mit Nuss-Dressing

Zutaten für 2-3 Personen
1 grüner Salatkopf
1 rote Paprikaschote
1 Bund Radieschen
2 EL Speisequark
2 EL Milch
1 TL Zitronensaft
1 EL geriebene Walnüsse
Prise Salz und Pfeffer
Prise Zucker
2 EL gehackte Walnusskerne

Zubereitung:

In einer Schüssel den Speisequark mit Milch, Zitronensaft und geriebene Walnusskerne miteinander verrühren. Die Masse mit Salz, frisch gemahlenem Pfeffer und einer Prise Zucker abschmecken.
Den Salat waschen, in mundgerechte Stücke zupfen und trocken schleudern. Die Paprikaschote waschen und in schmale Streifen schneiden. Die Radieschen waschen und in dünne Scheiben schneiden. Alle diese Zutaten in eine große Salatschüssel geben und vermischen. Danach das Nussdressing darüber geben und mit den gehackten Walnusskerne bestreuen. Alles nochmal gut vermischen und sofort servieren.

Gegrillter Fenchelsalat mit Orange

FÜR 4 PERSONEN
ZUBEREITUNGSZEIT: 15 MIN.
VORBEREITUNGSZEIT: 20 MIN.

190 ml Olivenöl
8 Orangen
8 EL Mandelsplitter
4 EL Dijon Senf
4 Fenchelknollen
8 Stängel frische Minze
Salz und Pfeffer

Orangenschale abreiben und Orange auspressen. Orangensaft mit Dijon Senf, Orangenabrieb und 50 ml Olivenöl vermischen. Mit Salz und Pfeffer würzen, beiseitestellen.
Stängel und Wurzelansatz vom Fenchel- abschneiden und wegwerfen. Fenchel der Länge nach vierteln und den harten Strunk keilfömig herausschneiden. Die Fenchelviertel in feine Streifen schneiden. In einer mittelgroßen Schüssel mit dem restlichen Olivenöl sowie einer prise Salz und Pfeffer vermischen.
Den Gasgrill für direkte mittlere Hitze (180–230 °C) erhitzen.

Den Fenchel über direkter mittlerer Hitze bei geschlossenem Deckel 6-8 Min. grillen, bis der Fenchel leicht gebräunt ist, dabei einmal wenden. Vom Gasgrill nehmen und Fenchelscheiben grob hacken. Beiseitestellen.
Restliche Orangen schälen und die Filets herauslösen. Minzblätter von den Stängeln zupfen und fein hacken. Gegrillten Fenchel mit Orangen, Mandelsplittern, gehackter Minze und Dressing vermengen und nach Belieben mit geröstetem Brot servieren.

Saftige Birne und gebackener Kürbis

Eine Kombination, die eine wahre geschmackliche Explosion auslösen wird. Eine Kombination, die ihre Geschmacksknospen verzücken wird. Eine Kombination, die süchtig macht.

Zutaten für 2 Portionen:
250 g Butternut Kürbis
120 g Birnen
7 g Rosmarin
4 El Olivenöl
1/2 TL Muskat
1/2 TL Zimt
Salz, Pfeffer zum Abschmecken

Zubereitung:
Kürbis braucht lange auf dem Grill, deswegen backen wir unseren auch für 15 Minuten im Backofen vor. Den Butternut in Würfel schneiden, mit Öl beträufeln und in den Ofen geben. Anschließend diesen abkühlen lassen. Die Birnen wurden mittlerweile auch in mundgerechte Stücke geschnitten. In einer Schüssel verrühren wir das Olivenöl mit dem Rosmarin und den anderen Gewürzen. Birne und Kürbis in der Marinade wälzen, in kleinen Portionen in Aluminiumfolie einwickeln und für 5 Minuten auf die heißen Kohlen. Fertig zum Genießen!

Frischer Lachs mit Avocado Dip

4 Personen

Zutaten:

4 Lachsfilets
2 Avocados geschält und entkernt
2 rote Zwiebel
2 Limetten, der Saft
1 TL Salz
1 TL Kreuzkümmel
1 TL Paprikapulver
½ TL Chiliflocken
1 TL schwarzer Pfeffer
3 Zweige Koriander
3 EL Olivenöl
Salz, Pfeffer

Zubereitung:

Eine Marinade aus Salz, Pfeffer, Paprikapulver, Chilipulver und Kreuzkümmel und Olivenöl herstellen und das Lachsfilet damit einreiben.
Den Grill vorbereiten und für eine indirekte und direkte Hitzeentwicklung sorgen.
Die geschälten Avocados dünn in Scheiben schneiden. Den Koriander fein hacken. Die geschälten Zwiebeln in Ringe schneiden. Die Avocado Scheiben mit Limettensaft und den gehackten Koriander vermengen,

abschmecken mit Pfeffer und Salz.
In den direkten Bereich für ca. 3 Minuten den Lachs mit der Hautseite nach unten legen und grillen. Danach einmal wenden und für weitere 3 Minuten in den indirekten Bereich fertig garen. Zusammen mit dem Avocado Dip servieren.

Herrliche gegrillte Rinderbrust

Zutaten für 4 Portionen:
- 2 kg Rinderbrust
- Rapsöl

- **Zutaten für den Rub:**
- 1 EL Salz
- 1 EL Paprikapulver
- 1/2 EL Knoblauchpulver
- 1/2 EL Zucker, braun
- 1/2 TL Chili
- 1/4 TL Pimentón de la Vera, scharf
- 1/2 EL Pfeffer

- **Außerdem:**
- 50 ml Apfelsaft
- 10 ml Whisky
- 1/2 Pck. Räucherchips
- 2 Grillthermometer

Zubereitung:

1. Am Tag vor dem Grillen: Die Rinderbrust abwaschen und trocken tupfen. Für den Rub die Gewürze miteinander einfach mischen. Das Fleisch mit Rapsöl leicht einreiben, anschließend den Rub in das Fleisch schön einmassieren, sodass die Rinderbrust überall reichlich mit Gewürz bedeckt ist. Anschließend die Rinderbrust gut in Frischhaltefolie wickeln und in einer Schale in den Kühlschrank

stellen. Das übrige Gewürz aufbewahren, es wird dann noch benötigt.
2. Am nächsten Tag den Grill vorbereiten, man benötigt eine volle Gasflasche und evtl. sogar Ersatz, da das Fleisch lange auf dem Grill liegt.
3. Das Fleisch auspacken und in eine Aluschale legen. Das Fleisch wird indirekt bei geringer Hitze gegart.
4. Mit einem Thermometer die Temperatur im Garraum kontrollieren (Deckelthermometer sind leider oft ungenau) und bei geschlossenem Deckel die erste Stunde garen.
5. Nach einer Stunde gebe die erste Ladung Räucherchips auf den Grill. Entweder eingewickelt in Alufolie oder in einer speziellen Smoke Box aus dem Handel. Räucherchips zuvor immer wässern, da sie sonst relativ schnell verbrennen. Den Deckel wieder schließen und den Rauch sein Aroma entfalten lassen.
6. Das übrig gebliebene Gewürz mit Apfelsaft und Whisky mischen und mit einem Silikonpinsel immer wieder das Fleisch einpinseln. Auch den Saft aus der Schale kann man zum Einpinseln benutzen.
7. Diesen Vorgang immer wieder wiederholen, hier kommt es auf den Geschmack an. Je mehr Raucharomen man möchte, desto öfter und mehr Räucherchips auf den Grill geben. Das zweite Thermometer wird mittig im Fleisch platziert.
8. Die Kerntemperatur sollte zwischen 83 und 92 Grad liegen. Das Fleisch gart während des Ruheprozesses noch nach.

9. Ganze 9 Stunden auf dem Grill bei durchgehend 105-110 Grad sollte man die perfekte Rinderbrust schön gegrillt bekommen.
10. Nach dem Garen das Fleisch vom Grill nehmen, in Alufolie wickeln und in eine Kühlbox zum Ruhen legen. Es kann auch in einen Backofen bei minimaler Temperatur zum Ruhen gelegt werden.
11. Nach 30 bis 60 Minuten Ruhen ist das Fleisch schön saftig und gar. Nun muss nur noch ein wichtiger Punkt beachtet werden: Das Fleisch muss unbedingt gegen die Faser aufgeschnitten werden.
12. Wichtig ist, dass man nicht panisch wird, wenn die Kerntemperatur nur langsam steigt. Man sollte auf keinen Fall den Grill aufdrehen um den Garprozess zu beschleunigen. Das Fleisch wird sonst trocken und zäh. Lieber die Gäste etwas länger warten lassen und dafür eine gelungenes Brisket servieren.

Avocado-Dipp

Zubereitungszeit: 15 Minuten
Portionen: 4

Zutaten:

- 4 Avocados
- 2 Limetten
- 1 Bund Koriander
- 1 rote Chilischote
- 1 Zwiebel
- 2 EL gehackte Minze
- 2 EL Olivenöl
- Meersalz und Pfeffer

Zubereitung:
1. Die Avocados schälen, entkernen und das Fruchtfleisch zu einer Creme verarbeiten.
2. Nun die Limetten auspressen, den Koriander säubern und hacken, die Chilischote hacken, die Zwiebel schälen und fein würfeln.
3. Jetzt alle Zutaten vermengen und genießen.

Hähnchenschenkel

Zutaten

12 Hähnchenunterschenkel
3 Zehen gepreßten Knoblauch
2 TL Kräuter der Provence oder italienische Kräutermischung
2 EL flüssigen Honig
2 EL süßer körniger Senf
1 EL Öl

1 TL Sambal Oelek
1 TL Salz

Zubereitung

- Die Marinadenzutaten verrühren und über die Hähnchenunterschenkel geben und über Nacht im Kühlschrank marinieren.
- Nun auf den heißen Grill legen und grillen

Hähnchenschenkel

Zutaten
12 Hähnchenunterschenkel
3 Zehen gepreßten Knoblauch
2 TL Kräuter der Provence oder italienische Kräutermischung
2 EL flüssigen Honig
2 EL süßer körniger Senf
1 EL Öl
1 TL Sambal Oelek
1 TL Salz

Zubereitung

- Die Marinadenzutaten verrühren und über die Hähnchenunterschenkel geben und über Nacht im Kühlschrank marinieren.
- Nun auf den heißen Grill legen und grillen

Şiş Kebap

Zutaten:
500g gewürfeltes Fleisch (vom Lamm oder Kalb)
50g Rindernierenfett bzw. Fett vom Lammschwanz, in kleinen, dünnen Würfeln
1 EL Salça (Gewürzte Paste aus Tomaten und Paprika; im türkischen Geschäft erhältlich)
½ TL Paprikapulver, edelsüß
1 Zehe Knoblauch
½ TL Salz
2 bis 3 Spitzpaprika
4 bis 6 Tomaten, klein

Zutaten für die Würzbeilage:
½ Bund Petersilie
½ rote Zwiebel
½ TL Sumach (Gewürzmischung, im türkischen Geschäft erhältlich)
Fladenbrot oder Dürüm zum Servieren
evtl. Pfeffer oder Chilipulver
Im Fladenbrot auch gerne als Fastfood auf der Straße serviert, eignen sich die Fleischspieße auch bestens fürs Grillen.

Zubereitung:
Fleisch mit Paprikapulver, der gepressten Knoblauchzehe, Salz und Salça vermischen, abdecken und über Nacht im Kühlschrank durchziehen lassen.
Für die Würzbeilage Petersilie fein hacken, rote Zwiebel

in feine Streifen schneiden, Sumach dazugeben und vermengen.
Fleischstücke aufspießen, jeweils mit einem Stück Fett dazwischen. Auf dem Grill von beiden Seiten anbraten.
Tomaten und Spitzpaprika grillen und anbräunen.
Fladenbrot auf dem Grill aufwärmen.
Fladenbrot mit Würzbeilage und gegrilltem Gemüse füllen, mit Spieß servieren, evtl. mit Pfeffer oder Chilipulver würzen.

Weniger klassisch und trotzdem gut: gegrillte Süßkartoffeln

Süßkartoffeln erobern seit einigen Jahren unsere Küchen ... jetzt hat die süßlich, weiche Kartoffel es auch auf den Grill geschafft ... und zwar verlockend mit Kardamom und Koriander.

Zutaten für 2 Personen:
1/2 Schalotte
1 Knoblauchzehe
2 Kardamonkapseln
15 g Ingwer
100 g Butter
4 kleine Süßkartoffeln
1/2 Bund Koriander
Salz, Pfeffer zum Abschmecken

Zubereitung:
Den Knoblauch, die Schalotte und den Ingwer in feine Würfel schneiden sowie den Kardamom zerstoßen. Mit der Butter gemeinsam in einem Topf erhitzen und mit Salz und Pfeffer abschmecken. Das ganze gute 15 Minuten ziehen lassen und anschließend die Butter fest werden lassen. Die Süßkartoffeln werden für 20 Minuten, in Alu-Folie gewickelt, auf die heißen Kohlen gegeben. Anschließend die Süßkartoffeln aus der Folie auswickeln, mit Koriander bestreuen und die Butter mit

dem weichen Kartoffelpüree vermischen. Einfach köstlich!

Thunfischsteaks mit extravagantem Gemüsesalat

4 Portionen

Zutaten:

½ Eisbergsalat oder Kopfsalat
2 Karotten, in stifte schneiden
200 g Brokkoli, in Röschen dann in streifen
100 g Weißkohl, klein schneiden
60 g Sojasprossen
4 Thunfisch Steaks

Dressing:
1 EL Ingwer, TK Püree
4 Frühlingszwiebeln, in feine Ringe
1 Knoblauchzehe, pressen
½ TL Chili Paste
110 ml Kokosmilch
1 EL Koriander

Marinade:
½ Limettensaft
3 EL Sojasauce
1 TL Ingwer, TK Püree
1 Knoblauchzehe, pressen

½ TL Chili Paste
½ EL Essig
3 TL Öl

Zubereitung:

Das Gemüse waschen ggf. schälen. Die Zutaten der Marinade in einer Schüssel vermengen, Thunfischsteaks einlegen und in den Kühlschrankdarin für 1h, nach einer halben Stunde die Steaks wenden. Für das Dressing, alle Gemüsezutaten in einem Wok vermengen und kurz andünsten lassen und mit Kokosmilch ablöschen, kurz erwärmen und mit Koriander würzen. In einem Topf mit heißem Wasser den Weißkohl kurz blanchieren, anschließend abtropfen lassen und auf die Seite stellen. Den Fisch aus dem Kühlschrank nehmen und 15 Minuten an klimatisieren lassen. Von jeder Seite 3-4 Minuten auf einem heißen Grill grillen und mit Restmarinade bestreichen. Die Salatzutaten vermengen und zusammen mit dem Thunfisch servieren

Marinierte Chicken Wings mit Gurkensalat

Zutaten für 4 Portionen:
- 12 Chicken Wings (Hühnerflügel; à ca. 40 g)
- Salz
- Pfeffer aus der Mühle
- 2 Knoblauchzehen
- 1 rote Chilischote
- 1 Stange Zitronengras
- 1 Stück Ingwer (ca. 20 g)
- 2 EL helle Sojasauce
- 1 EL trockener Sherry oder Sojasauce
- 2 Limetten
- 1 EL flüssiger Honig
- 1 Salatgurke
- 1 Bund Frühlingszwiebeln
- 50 ml Geflügelbrühe
- 2 TL dunkles Sesamöl
- 2 EL süße Chilisauce
- ½ Bund Koriander

Zubereitung:

1. Die Chicken Wings abspülen, trockentupfen, salzen und pfeffern. In einen großen Gefrierbeutel geben.
2. Knoblauch schälen und fein hacken. Chilischote waschen, putzen, halbieren, entkernen, ggf. nochmals abspülen und in feine Ringe schneiden.

3. Das Zitronengras von den harten Außenblättern befreien, waschen, trockenschütteln und ebenfalls fein hacken.
4. Ingwer schälen und fein reiben. Mit Knoblauch und Zitronengras in eine Schüssel geben. Sojasauce und Sherry unterrühren.
5. Limetten heiß abspülen, trockenreiben und die Schale fein abreiben. 1 Limette halbieren und auspressen.
6. Limettenschale und -Saft mit dem Honig unter die Soja-Sherry-Mischung rühren. Zu den Chicken Wings gießen, den Gefrierbeutel gut verschließen und alles mindestens 3 Stunden im Kühlschrank ziehen lassen (marinieren).
7. Die Salatgurke schälen und halbieren. Mit einem Löffel entkernen und in dünne Scheiben schneiden.
8. Frühlingszwiebeln gut putzen, waschen, trockenschütteln und in dünne Ringe schneiden. Mit den Gurkenscheiben in eine Salatschüssel geben.
9. In einer kleinen Schüssel Geflügelbrühe, Sesamöl und Chilisoße verquirlen. Restliche Limette halbieren, auspressen und den Saft unterrühren.
10. Das Dressing über Gurken und Lauchzwiebeln geben. Salzen, pfeffern, einmal durchmischen und etwa 20 Minuten ziehen lassen.
11. Die Chicken Wings nun aus der leckeren Marinade nehmen, abtropfen lassen und auf 2 große Alu-Grillschalen verteilen. Auf dem heißen Rost in 20–25 Minuten knusprig braun grillen, zwischendurch mehrmals wenden.

12. Inzwischen Koriander waschen, trockenschütteln, Blättchen abzupfen und hacken. Salat nochmals mit Salz und Pfeffer abschmecken. Mit Koriander bestreuen und zu den Chicken Wings servieren.

Tomatiger Dipp

Zubereitungszeit: 15 Minuten
Portionen: 4

Zutaten:

- 150 g Frischkäse
- 200 g getrocknete Tomaten
- 4 Stiele Thymian
- 50 g Salzmandeln
- 50 g schwarze Oliven ohne Stein
- 2 EL Tomatenmark
- 1 EL Olivenöl
- ½ TL Paprikapulver edelsüß
- Meersalz und Pfeffer

Zubereitung:
1. Alle Zutaten bis auf die Oliven in einen Mixer geben und zu einer feinen Paste verarbeiten.
2. In der Zwischenzeit die Oliven in feine Scheiben schneiden.
3. Den Dipp mit Olivenscheiben verfeinert servieren.

Gegrillter Fenchel

Zutaten

1 Knollegroßen Fenchel
2große Tomaten
2große Knoblauchzehen
2 ZweigRosmarin
2 ZweigThymian
4 ELOlivenöl
Salz und Pfeffer

Zubereitung

- Als erstes basteln Sie aus 4 Stück Alufolie Päckchen. Dazu nehmen Sie ein ausreichend großes Stück Alufolie, stellen z.B. Margarine hinein und schlagen die Seiten hoch.
- Dann den Fenchel in dünne Scheiben schneiden und in die 4 Alufolien verteilen.
- Die Tomaten in nicht zu dünne Scheiben schneiden und auf dem Fenchel verteilen.
- Die Knoblauchzehen in feine Scheiben schneiden und auf den Tomaten verteilen.
- Nun ausreichend mit Salz und Pfeffer würzen, die Kräuterstängel halbieren und auf das Gemüse geben.
- Nun auf jedes Päckchen einen Löffel Olivenöl verteilen und die Päckchen verschließen.

- Die gut verschlossenen Alupäckchen nun für ca. 15-20 Minute auf den Grill legen. Je nachdem wie knackig Sie den Fenchel mögen, machen Sie zwischendurch eine Garprobe. Dazu ein Päckchen vom Grill nehmen und nachschauen, wie fest das Gemüse noch ist.

Gegrillter Fenchel

Zutaten
1 Knolle großen Fenchel
2 große Tomaten
2 große Knoblauchzehen
2 Zweig Rosmarin
2 Zweig Thymian
4 EL Olivenöl
Salz und Pfeffer

Zubereitung

- Als erstes basteln Sie aus 4 Stück Alufolie Päckchen. Dazu nehmen Sie ein ausreichend großes Stück Alufolie, stellen z.B. Margarine hinein und schlagen die Seiten hoch.
- Dann den Fenchel in dünne Scheiben schneiden und in die 4 Alufolien verteilen.
- Die Tomaten in nicht zu dünne Scheiben schneiden und auf dem Fenchel verteilen.
- Die Knoblauchzehen in feine Scheiben schneiden und auf den Tomaten verteilen.
- Nun ausreichend mit Salz und Pfeffer würzen, die Kräuterstängel halbieren und auf das Gemüse geben.
- Nun auf jedes Päckchen einen Löffel Olivenöl verteilen und die Päckchen verschließen.

- Die gut verschlossenen Alupäckchen nun für ca. 15-20 Minute auf den Grill legen. Je nachdem wie knackig Sie den Fenchel mögen, machen Sie zwischendurch eine Garprobe. Dazu ein Päckchen vom Grill nehmen und nachschauen, wie fest das Gemüse noch ist.

Kısır

Zutaten:
200g Bulgur (aus dem türkischen Geschäft)
125 ml Wasser, kochend
2 EL Salça (Tomaten-Paprikapaste, im türkischen Geschäft erhältlich)
1 gepresste Zitrone
4 bis 5 EL Granatapfelsirup (im türkischen Geschäft erhältlich)
5 EL Olivenöl
6 bis 7 Frühlingszwiebeln
1 rote Zwiebel
1 bis 2 Spitzpaprika
10 kleine Tomaten
2 bis 3 kleine frische Gurken
1 Bund glatte Petersilie
½ Bund frische Minze

Ein Salat, der auf Bulgur, also grob gemahlenem Hartweizen basiert und damit ein wenig der libanesischen Tabula bzw. Taboulé ähnelt. Schmeckt auch als Hauptgericht sehr gut.

Zubereitung:
Bulgur in eine große Schüssel geben, kochendes Wasser darüber geben, abdecken und eine halbe Stunde ziehen lassen.
Spitzpaprika, Zwiebel, Frühlingszwiebeln, Tomaten und

Gurken waschen und in kleine Würfel schneiden.
Petersilie und Minze waschen und schneiden.
Bulgur mit Salça, Zitronensaft, Granatapfelsirup und Olivenöl vermengen, gehacktes Gemüse und Kräuter hinzugeben und alles vermengen. Evtl. abschmecken und servieren.

Wolfsbarsch und Haselnüsse

Wolfsbarsch ist ein ganz besonderer Fisch. Er schmeckt so richtig gut und intensiv, wie man es sich eben von einem schmackhaften Tier aus dem Meer wünscht. Wird der Wolfsbarsch dann noch mit einer nussigen Butter aus Haselnüssen serviert, ist das Geschmackserlebnis einfach unbeschreiblich.

Zutaten für zwei Personen:
2 Wolfsbarsche a 400 g
Olivenöl
1 TL Meersalz
1/2 Zitrone, in dünne Scheiben geschnitten
3 Knoblauchzehen
3 Thymian Zweige
6 Stängel Petersilie
80 g Butter
5 El gehackte Haselnüsse
3 El gemischte, fein gehackte Kräuter

Zubereitung:
Wir grillen bei direkter Hitze und zwar mit der Grillpfanne. Unsere Wolfsbarsche werden mit Öl eingepinselt und mit Salz und Pfeffer gewürzt. Dann füllen wir unsere Barsche und zwar mit den Zitronenhälften, dem Thymian, der Petersilie und dem Knoblauch. Ab in die Pfanne und bei starker Hitze und geschlossenem Deckel den Fisch für 5 Minuten je Seite grillen. Unser Wolfsbarsch ist servierfertig, wenn das

Fleisch nicht mehr Gassi ist. Während der Barsch auf dem Grill vor sich hin gart, können wir die Haselnussbutter anrichten. Dazu die Haselnüsse in einem kleinen Topf anrösten und anschließend die Butter zum Zerlassen hinzugeben. Ist die Butter geschmolzen kann sie über den Fisch geträufelt werden. Genuss pur und einfach lecker.

Hummer/ Garnelen Buscetta

20 Portionen

Zutaten:

120 ml Rotweinessig
1 EL Zucker
½ TL Pfeffer
2 kleine Schalotten, geschält und in dünne Ringe geschnitten
220g g Hummerschwänze oder Garnelen
280 g Baguette französischem Brot, längsweise aufschneiden
3 EL Olivenöl
2 Tomaten, gehackt
1 1/2 EL frischer Zitronensaft
1 EL gehackte frische flache Petersilie
1 EL gehackter frischer Basilikum
1/2 TL Salz
½ TL gemahlener schwarzer Pfeffer
6 EL Miracle Whip, so leicht Mayonnaise

Zubereitung:

Rühren Sie Essig, Zucker und Pfeffer in einer mittelgroßen mikrowellensicheren Schüssel zusammen. In die Mikrowelle für 1-2 Minuten bis der Zucker geschmolzen ist. Schalotten hinzufügen. 5 Minuten stehen. Grill auf mittlere bis hohe Temperatur vorheizen.

Mit einem scharfen Messer die Hummerschwänze/Garnelen der Länge nach halbieren; Fleisch mit Öl bestreichen. Legen Sie die Hummerschwänze mit der Fleischseite nach unten auf Grillroste unbedeckt grillen, bis Grillspuren auftauchen, ca. 4 Minuten. Drehen Sie die Hummerschwänze um weitere. 2 Minuten grillen. Vom Grill nehmen und 10 Minuten abkühlen lassen.

In der Zwischenzeit Brot mit Öl leicht bestreichen. Schneiden Sie jedes Brotstück in zwei Hälften. Brot mit der Seite nach unten auf den Grillrost legen; ca. 1 bis 2 Minuten unbedeckt rösten

Entfernen Sie Fleisch von Hummerschwänzen zerhacken und die Schalen verwerfen. In einer mittelgroßen Schüssel Hummer, Öl, Tomaten, Zitronensaft, Petersilie, Basilikum, Salz und schwarzen Pfeffer verrühren.

Geben sie 1 1/2 EL Mayonnaise auf die Schnittseite jedes Brotstücks; oben gleichmäßig mit Hummermischung und eingelegten Schalotten garnieren. Jedes Brotstück in 5 Scheiben schneiden.

Spanische Spieße

Zutaten für 4 Portionen:
- 500 ml Olivenöl oder Sonnenblumenöl
- 8 Knoblauchzehen
- 2 kleine Zwiebel
- 2 Paprikaschoten, rot
- 1 TL Pfeffer
- 2 TL Salz
- 8 TL Chilipulver
- 4 TL Paprikapulver
- 6 EL Zucker
- 8 Hähnchenbrustfilets
- etwas Öl

Zubereitung:

1. Die Zwiebel, den Knoblauch und die Paprika klein schneiden. Mit den übrigen Zutaten außer dem Fleisch in einen Rührbecher geben und mit einem Stabmixer gut vermengen.
2. Die Hähnchenbrustfilets in dünne Streifen schneiden und auf die Holzspieße aufziehen.
3. Nun die Spieße in die Marinade legen und 2 - 3 Std. ziehen lassen.
4. Jetzt nur noch die Spieße mit indirekte Hitze schön grillen.

Zwiebelaufstrich

Zubereitungszeit: 15 Minuten
Portionen: 4

Zutaten:

- 250 g Crème Fraiche
- 200 g Schmand
- 4 EL Röstzwiebeln
- ½ Bund Schnittlauch
- 1 Tüte Zwiebelsuppe
- Meersalz und Pfeffer

Zubereitung:
1. Den Schnittlauch säubern und hacken.
2. Jetzt alle Zutaten vermengen.

Kürbis vom Grill

Zutaten

1 Kürbis (ca. 1kg)
5 EL Sesamöl
Ursalz

Zubereitung

- Halbieren Sie den Kürbis und entfernen Sie die Kerne.
- Mit den Schnittflächen nach unten auf den Rost legen und 10-15 Minuten grillen.
- Die Kürbishälften vom Grill nehmen und die Schnittflächen mit Sesamöl bestreichen.
- Nun mit den nicht bestrichenen Seiten auf den Rost setzen und nochmals etwa 30 Minuten grillen.
- Das Kürbisfleisch aus der Schale herauslöffeln und mit etwas Öl und Salz servieren.

Saftige Straußensteaks

Zutaten für 4 Portionen:
- 4 Steaks vom Strauß
- 3 EL Öl
- 1 EL Tomatenketchup
- 1 TL Senf
- 3 EL Sahne
- 1 EL Petersilie, fein gehackt
- 1 EL Zwiebel, gehackt
- 1 Msp. Chilipulver oder frisches Chilimark
- 1/2 TL Salz
- 1/4 TL Currypulver
- Paprikapulver, edelsüß
- **Sojasauce**

Zubereitung:

1. Alle Zutaten für die Marinade gründlich vermischen und die Steaks mindestens für 2-4 Stunden darin einlegen.
2. Je nach Stärke der Stücke zwei bis fünf Minuten unter wenden grillen. Mit einem leicht rosa Kern (medium) schmeckt Straußenfleisch am besten.
3. Dazu passen perfekt ein bunt gemischter, knackiger Salat und Knoblauchbrot.

Hühnchen in Buttermilch

Zubereitungszeit: 1 Stunde und 40 Minuten
Portionen: 4

Zutaten:

- 2 Knoblauchzehen
- 1 Limette
- 300 g Hähnchenfilet
- 100 ml Buttermilch
- Meersalz und Pfeffer

Zubereitung:
1. Das Fleisch säubern, abtupfen und in mundgerechte Stücke schneiden.
2. Nun den Knoblauch schälen und hacken, die Limette auspressen.
3. Alle Zutaten vermengen und mindestens eine Stunde kühl ziehen lassen.
4. Anschließend das Fleisch auf dem Grill garen.

Gurken - Salsa

Zutaten

1 dickeSalatgurke
2 kleinegewürfelte Zwiebeln
5 ELOlivenöl, zum andünsten
4 ELAprikosenkonfitüre
1 kleineZitrone, den Saft davon
Salz und Pfeffer, aus der Mühle
Chili, getrocknet, aus der Mühle

Zubereitung

- Die Zwiebelwürfel in Olivenöl glasig anschwitzen.
- Nun die Aprikosenkonfitüre und den Zitronensaft hinzugeben. Mit Salz, Pfeffer und Chili reichlich würzen und abkühlen lassen.
- In der Zwischenzeit die Gurke schälen und in kleine Würfel schneiden. Dann den Zwiebel-Mix einrühren und alles ca. 1 Stunde im Kühlschrank ziehen lassen.

Tofu-Obst-Spieße

Zutaten
300 g Tofu
4 Spieße
8 EL Sojasauce
2 EL Wasser
1 TL Ingwerpulver
1/2 TL Curcuma
1/2 TL Curry
rotes Obst oder Gemüse (rote Paprika, rote Zwiebeln, Kirschen, Erdbeeren usw.)

Zubereitung

- Den Tofu in zwei Zentimeter große Würfel schneiden.
- Aus Sojasauce, Wasser und den Gewürzen eine kräftige Marinade anrühren und die Tofuwürfel darin mindestens zwei Stunden lang einlegen. Sie nehmen dabei, außer einem guten Geschmack, auch eine gelbe Farbe an.
- Den Tofu herausnehmen, gut abtropfen lassen und die Würfel von allen Seiten knusprig anbraten. Das kann entweder mit etwas Öl in einer Pfanne geschehen (wenn die Spieße schon vorbereitet werden sollen) oder auf dem Grill.

- Die Tofuwürfel abwechselnd mit den roten Obst- oder Gemüsestücken auf Spieße stecken und auf dem Grill garen

Hähnchensteaks in Erdnussbuttermarinade

Zutaten:
1kg Hühnerbrustfilets
1 Glas Erdnussbutter (ugf. 400-450g)
80 ml Sojasoße
½ TL Knoblauchpulver
40g brauner Zucker
1 TL Chilipulver
2 TL Apfelessig
4 EL Honig
1 TL schwarzer Pfeffer, ungemahlen

Geflügel darf natürlich auch nicht zu kurz kommen. Die Marinade ist etwas klebrig, aber Sie werden sehen, es lohnt sich hier, sich die Finger schmutzig zu machen!

Zubereitung:
Erdnussbutter und andere Zutaten in einer Schüssel zu einer gleichmäßigen Masse rühren.
Erdnussbuttermasse großzügig mit den Händen auf die Hühnerbrustfilets auftragen und einmassieren.
Bei leichter bis mittlerer Hitze langsam garen.

Mit Senf ummantelnde Hähnchenbrust

Hähnchen ist ein sehr zartes und vor allem mildes Geflügel, das besonders gut mit einem komplementären Gewürz schmeckt. Hier bietet sich unsere schmackhafte Senfmarinade an. Wie sie zu diesem Genuss kommen? Ganz einfach, wir erklären es Ihnen.

Zutaten für zwei Portionen:
2 Hähnchenbrüste a 180g
50 g Dijonsenf
5 g schwarzer Pfeffer
10 g Senfkörner
10 g Meersalz
5 g Estragon
1 EL Rapsöl

Zubereitung:
Wir mischen uns eine leckere Marinade. Dazu zerkleinern wir den Pfeffer, die Körner, das Meersalz und den Estragon mit einem Mörser. Anschließend reiben wir unsere Hähnchenbrüste mit dem Dijonsenf ein und bestreuen sie mit unserer trockenen Marinade. So vorbereitet können die Hähnchenbrüste für eine

gute Stunde in den Kühlschrank gestellt werden, damit sich das Aroma entfalten kann.

Am besten werden die Brüste, wenn sie auf einem Drehspieß zubereitet werden. Dazu wird dieser ordentlich eingefettet, die Hähnchenbrüste in den entsprechenden Körben platziert und dann darf das Grillvergnügen, bei indirekter Hitze und etwa 175°C, auch schon beginnen.

Bis zum Genuss dürfte es etwa 25 Minuten dauern. Spätestens aber, wenn eine Kerntemperatur von 75°C erreicht ist. Dann heißt es nur noch: kurz abwarten, genießen und sich kulinarisch verwöhnen lassen.

Zitronen-Gegrillte Hähnchenbrust

7 Portionen

Zutaten:

3 TL frischer Zitronensaft
2 TL Olivenöl extra vergine
2 Knoblauchzehen, gehackt
200g Hühnerbrusthälften, ohne Haut, ohne Knochen
1/2 TL Salz
1/2 TL gemahlener schwarzer Pfeffer

Zubereitung:

Bereiten Sie den Grill auf mittlere bis hohe Hitze vor. Kombinieren Sie die ersten 4 Zutaten in einem großen Plastikbeutel mit Reißverschluss, Dichtung verschließen und im Kühlschrank 30 Minuten marinieren und gelegentlich wenden. Hähnchen aus der Tüte nehmen; Marinade verwerfen. Hähnchen gleichmäßig mit Salz und Pfeffer bestreuen. Hähnchen auf Grillrost legen, mit Öl übergießen und 6 Minuten auf jeder Seite grillen.

Gegrillte Steakspieße mit Chimichurri

4 Personen

Zutaten:

30 g. Frischer Basilikum
30 g . frischer Koriander
30 g. frische Petersilie
1 EL. Rotweinessig
Saft von 1/2 Zitrone
1 Knoblauchzehe, gehackt
1 Schalotte, gehackt
1/2 TL zerkleinerte rote Pfefferflocken
20 g extra-natives Olivenöl, geteilt
Salz und gemahlener schwarzer Pfeffer
1 rote Zwiebel, in Stücke geschnitten
1 rote Paprika, in Stücke geschnitten
1 Orange Pfeffer, in Stücke geschnitten
1 gelbe Paprika, in Stücke geschnitten
680 g. Rinderfilet Steak, in Stücke geschnitten
12 Holzspieße

Hähnchenbrust im Senfmantel

Zutaten für 4 Portionen:
- 4 Hähnchenbrüste, geputzt (je 180-200 g)
- 100 g Senf
- 5 g Pfeffer
- 20 g Senfkörner
- 15 g Meersalz
- 5 g Estragon (gerieben)
- 1 EL Rapsöl

Zubereitung:

1. Pfeffer, Senfkörner, Meersalz und Estragon im Mixer oder in einem Mörser zerkleinern. Die Hähnchenbrust mit dem Senf schön einreiben und anschließend die Gewürzmischung darüber streuen. Nun die Hähnchenbrüste 1 Stunde abgedeckt im Kühlschrank marinieren lassen.
2. Den Gasgrill für indirekte Hitze (180 °C) mit dem Drehspießeinsatz vorbereiten.
3. Den Drehspießkorb mit etwas Öl einpinseln. So dann auf dem Drehspieß befestigen und die Hähnchenbrüste hineinlegen. Anschließend die Hähnchenbrustfilets in dem Korb einspannen. Den Drehspieß in die Halterung stecken und starten. Etwa 25 Minuten grillen, bis das Fleisch schön goldbraun ist und eine Kerntemperatur von 75 °C erreicht hat.
4. Die Hähnchenbrustfilets aus dem Korb nehmen und locker abgedeckt 5 Minuten ruhen lassen.

5. Guten Appetit.

Würstchen-Spieße

Zubereitungszeit: 20 Minuten
Portionen: 4

Zutaten:

- 4 Thüringer Bratwürste
- 4 Krakauer Bratwürste
- 4 Kabanossi
- 4 Schalotten
- Spieße

Zubereitung:

1. Die Schalotten schälen und vierteln, die Bratwürste in mundgerechte Stücke schneiden.
2. Anschließend alle Zutaten auf die Spieße geben und grillen.

Schaschlik aus dem Kaukasus

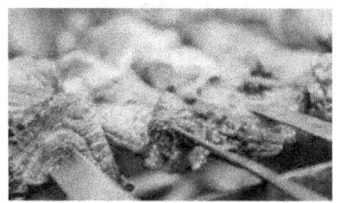

Zutaten

1 kgfrisches Nackenfleisch von Schwein, Rind oder Lamm
3 Gemüsezwiebeln
500 mlMilch
1 SchussEssig
1Kiwi
Salz und Pfeffer
etwasTomatenmark

Zubereitung

- Schneiden den Nacken in nicht zu kleine Würfel.
- Die Zwiebeln halbieren und in halbe Ringe schneiden.
- Tomatenmark, Salz, Pfeffer und einen Schuss Essig mischen und mit der Hand in das Fleisch gut einmassieren.

- Alles in eine große Schüssel geben und mit der Milch auffüllen. Zugedeckt über Nacht im Kühlschrank einziehen lassen.
- Am nächsten Tag die Marinade abschmecken und eventuell mit Salz und Pfeffer nachwürzen.
- Ca. 2 Stunden vor dem grillen die Kiwi schälen, in kleine Stücke schneiden und in die Marinade hinzugeben und ebenfalls in das Fleisch einmassieren. Die Kiwi nicht zu lange (max. 2 Stunden) in der Marinade lassen, da sonst das Fleisch zu weich wird und vom Spieß fällt.
- Anschließend das Fleisch auf Spieße ziehen und grillen. Kurz vor dem Verzehr mit Essigwasser beträufeln.

Zucchini - Tomaten - Zwiebel – Puten-Spieße

Zutaten
4 Zwiebeln
4 Putenschnitzel
8 Kirschtomaten
2 Zucchini
Sojasauce
Salz und Pfeffer, frisch gemahlen

Zubereitung

- Die Putenschnitzel waschen, abtrocknen und in Stücke schneiden.
- Auf Spieße stecken und beiseitestellen.
- Die Zwiebeln schälen und in Viertel schneiden.
- Die Zucchini in ein Zentimeter dicke Scheiben schneiden.
- Auf Holzspieße im Wechsel Pute, Zucchini, Kirschtomaten und Zwiebeln spießen. Mit Salz und Pfeffer würzen und mit Sojasauce marinieren.
- 15 bis 20 Minuten grillen, dabei regelmäßig wenden.

www.ingramcontent.com/pod-product-compliance
Lightning Source LLC
Chambersburg PA
CBHW071831080526
44589CB00012B/987